AF607179

POEMAS NARRATIVOS

ALEXANDR PUSHKIN

POEMAS NARRATIVOS

Traducción, introducción
y notas de Manuel Ángel Chica Benayas

VISOR LIBROS

VOLUMEN MCCLXXXI DE LA COLECCIÓN VISOR DE POESÍA

Cubierta: Víctor Popkov

Isaac Peral, 18 - 28015 Madrid
www.visor-libros.com

ISBN: 979-13-87745-81-3
Depósito Legal: M-21326-2025

Impreso en España - Printed in Spain
Gráficas Muriel. C/ Investigación, n.º 9. P. I. Los Olivos - 28906 Getafe (Madrid)

INTRODUCCIÓN

ALEXANDR PUSHKIN

La vida del autor de *Poltava* puede ser considerada ejemplar en un poeta romántico. Alexandr Serguéievich Pushkin viene al mundo el 6 de junio (o el 26 de mayo, según el antiguo calendario juliano) de 1799 en Moscú. Sus padres, Serguéi Lvóvich y Nadezhda Ósipovna, pertenecen a la antigua nobleza rusa. Nadezhda era nieta de Abram Petróvich Gannibal (1696-1781), príncipe etíope ahijado por Pedro I.

La familia se relaciona con artistas e intelectuales y pronto el pequeño Alexandr se va a sentir atraído por ese mundo. En 1811 comienza sus estudios en el Liceo de Tsárskoi-Seló, que termina en 1817. Ya en 1814, Alexandr publica sus primeras composiciones líricas.

En 1817, Pushkin marcha a San Petersburgo a trabajar como funcionario del Ministerio de Asuntos Exteriores. A su vez, entra en contacto con los círculos literarios y políticos de la ciudad. Se posiciona junto al decembrismo y escribe poemas contra el zar, como *Oda a la libertad.* Su nombre empieza a sonar con fuerza y el zar Alejandro I le condena al exilio en 1820. Ese mismo año, Pushkin publica el que será su primer éxito, el poema narrativo, *Ruslán y Liudmila.* Durante su exilio en el Caúcaso queda prendado por la belleza del lugar y escribe otros poemas narrativos como *El prisionero del Cáucaso* (1821), *Gabrieliada* (1821), *Los hermanos bandidos* (1822), *La fuente de Bajchisarái* (1823) y *Los gitanos* (1824). Pushkin simpatiza además con la Revolución Española y el Trienio Liberal y la temática española quedará reflejada en su obra, por ejemplo, en el poema *El céfiro nocturno* (1824) o la obra de teatro *El convidado de piedra* (1830).

Continúa su exilio en Ucrania y más tarde, en 1825, en la finca familiar de Mijáilovskoie. Allí escribe gran parte de *Yevgueni Oneguin* y el drama *Borís Godunov*.

Tras la insurrección decembrista, que se produce el 26 de diciembre de 1825, y su posterior y cruel represión, con ejecuciones y presidio en Siberia de muchos de sus dirigentes y partidarios, las obras de Pushkin comienzan a ser duramente censuradas. Pero el nuevo zar, Nicolás I, que ha llegado al trono ese mismo mes al morir su hermano, admira al poeta y le permite volver del exilio. Está dispuesto a perdonarle si acepta dejar de escribir contra la corona y que él mismo, el zar, sea su censor. Pushkin accede a regañadientes. De nuevo en San Petersburgo, escribe el poema narrativo *Poltava* (1829), *Relatos del difunto Iván Petróvich Belkin* (1830) y proyecta una novela que queda inconclusa sobre su bisabuelo, Abram Gannibal, *El negro de Pedro el Grande*.

Pushkin es ya un autor de éxito y consigue vivir de lo que escribe. Pasa el otoño de ese 1830 en la hacienda familiar de Bóldino, un otoño que será conocido como el fértil «otoño de Bóldino». Allí compone *Historia de la aldea de Goriújino*, las *Pequeñas tragedias*, el poema narrativo

La casita en Kolomna y numerosas poesías. Y termina su obra magna y, por tanto, obra cumbre de la literatura rusa: la novela en verso *Yevgueni Oneguin*, que publica finalmente en 1833.

De nuevo en Moscú, pide la mano de Natalia Goncharova y la pareja se casa el 1 de marzo de 1831. El zar le nombra *kammerjunker* (gentilhombre) de la corte y, en 1833, pasa a formar parte de la Academia Imperial Rusa. Durante los años 30 escribe principalmente cuentos en verso y relatos. Entre los primeros encontramos los famosos *El zar Saltán* (1831) y *El gallo de oro* (1834). Entre los segundos, *La dama de picas* (1833) y *Noches egipcias* (1835). Compone igualmente la novela *Dubrovski* (1832), el poema narrativo *El jinete de bronce* (1833), y su obra maestra en prosa, la novela *La hija del capitán* (1836).

Pushkin y Natalia tienen cuatro hijos, por lo que la familia debe encontrar otros medios de financiación. Es cuando el poeta funda la revista literaria *El Contemporáneo* (Sovreménnik), donde escriben autores de la talla de Viázemski, Gógol, Zhukovski y Baratynski.

Un personaje crucial hace su aparición en 1834, el barón y militar francés Georges d'Anthès. Este se enamora de Natalia y comienza a cortejarla. Ella le rechaza y Pushkin rompe relaciones con él, pero el francés, para tener cerca a Natalia, se casa con su hermana, Yekaterina. Pushkin recibe una carta injuriosa en enero de 1837. En la carta se afirma la infidelidad (nunca demostrada) de Natalia con D'Anthès. Pushkin desafía a duelo a D'Anthès, que se celebra el 8 de febrero (27 de enero). D'Anthès sale casi ileso, pero Pushkin es herido de muerte en el vientre. El poeta fallece tras una intensa agonía dos días después, el 10 de febrero (29 de enero). Tras unas turbulentas exequias, el cuerpo de Pushkin es enterrado en el cementerio del monasterio Sviatogorski, cercano a la casa familiar de Mijáilovskoie.

La vida de Alexandr Pushkin recorre, como hemos visto, varias etapas fundamentales en la historia de Rusia. Nace bajo el controvertido reinado del zar Pablo I, que muere asesinado en 1801. Su sucesor, Alejandro I, tiene que hacer frente a la invasión napoleónica, lo que le permite intensificar su carácter autocrático y despótico. La respuesta lógica se produce con la insurrección decembrista en diciembre de 1825, cruelmente reprimida por su sucesor, Nicolás I. El nuevo zar se muestra posteriormente más tolerante y alivia la censura en lo que respecta al arte y la cultura, aunque se encuentra lejos de tender la mano al movimiento revolucionario liberal.

Con Alexandr Pushkin da comienzo, pues, el Siglo de Oro de la literatura rusa. Los autores, con Pushkin a la cabeza, buscan y encuentran un modo de hacer una literatura puramente rusa. Para ello tienen que coincidir los seguidores de Alexandr Shishkov (1754-1841), reunidos en el Círculo de Amantes de la Lengua Rusa, que proclamaban el ejemplo de las tradiciones del antiguo eslavo y del ruso, y los partidarios de Nikolái Karamzín (1766-1826) y Vasili Zhukovski (1783-1852), agrupados en la asociación Arzamás y que apreciaban la tradición popular rusa, pero, a la vez, aceptaban las corrientes literarias europeas.

Con Pushkin estas dos corrientes se funden en una claridad expresiva elegante y natural que no rechaza la tradición rusa ni las novedades venidas de Europa. Este es el sustrato sobre el que Pushkin sembrará fecundamente, que continuará durante todo el siglo XIX, se extenderá durante el XX y llegará hasta el XXI.

LOS POEMAS NARRATIVOS DE ALEXANDR PUSHKIN

Un género principal en la producción de Alexandr Pushkin es el del poema narrativo. El autor ha leído con avidez los poemas narrativos de Lord Byron *Las peregrinaciones de Childe Harold* (editado entre 1812 y 1818) y los dos primeros cantos de *Don Juan* (publicados en 1919) y queda fascinado con la fórmula que ofrecen. Pronto siente la necesidad de trasvasar el género a la lengua y la realidad rusa y compone su primer poema narrativo, *Ruslán y Liudmila*, publicado en 1820. En *Ruslán y Liudmila* refunde leyendas y tradiciones orales rusas: el poema le supone su primer gran éxito de crítica y público y su nombre entra en el parnaso de las letras del país.

El exilio de Pushkin es un período fecundo para la escritura de poemas narrativos. El autor visita el Cáucaso, Ucrania y Besarabia, lugares que le cautivan y con los que desea repetir el éxito de *Ruslán y Liudmila*. Se introduce entonces de lleno en sus leyendas y escribe los poemas *El prisionero del Cáucaso* (1821), *Gabrieliada* (1821), *Los hermanos bandidos* (1822), *La fuente de Bajchisarái*

(1823) y *Los gitanos* (1824). En ellos evoluciona desde unos parámetros byronianos, más subjetivos y sentimentales, a otros más personales en los que se ve la clara influencia de los dramas de Shakespeare. Culminación de estos poemas narrativos es *Poltava* (1829), que, además de ser una epopeya nacional, le sirve personalmente al autor para reconciliarse con la corona y el zar Nicolás I.

El resto de los poemas narrativos de Pushkin son *El conde Nulin* (1825), *Tazit* (1830; inacabado), *La casita en Kolomna* (1930), *Angelo* (1833) y *El jinete de bronce* (1833). En total, doce poemas narrativos por completo heterogéneos y dignos de estudio y análisis. Sí podemos establecer ciertas claves en común. Como buenas obras románticas, introducen el tema del individuo frente a la sociedad, el amor y la naturaleza como origen y destino insalvables del ser humano.

A pesar de las continuas referencias clásicas, mitológicas, nunca se olvida el autor de presentar la actualidad del momento para llevar a cabo una severa disección y una crítica mordaz e inteligente. Los personajes son totalmente humanos y huyen de tipos ejemplarizantes. Los conflictos a los que se enfrentan son igualmente terrenales, aunque no por ello cotidianos, y permiten a Pushkin poner a prueba el pensamiento y la sociedad de la época e invocar a una filosofía y unos planteamientos superiores y puros.

Pushkin usa para todos sus poemas narrativos el mismo esquema, que va perfeccionando y adaptando en cada uno de ellos: el tetrámetro yámbico. Con él potencia el ritmo y la musicalidad propios de la lengua rusa.

Los versos de nueve sílabas corren de un modo libre y se recogen en estrofas con cantidad variable de ellos. La rima, consonante, responde habitualmente al esquema AbbA o aBaB (las mayúsculas son las rimas femeninas y las minúsculas las masculinas). A veces aparecen los versos CC o cc con el que Pushkin cierra un concepto anteriormente desarrollado. La acentuación de los versos es _’_’_’_’_ en las rimas femeninas y _’_’_’_’ en las masculinas.

El poema narrativo es, pues, la piedra angular en la obra de Alexandr Pushkin. Con él encuentra su lugar perfecto entre los registros elevado y bajo de Shishkov y Karamzín y funda la lengua y la literatura rusa, a la que humaniza e impregna, a partes iguales, de cotidianidad y poesía de forma magistral. Los poemas narrativos, además, le permiten practicar una lengua y unas formas poéticas que culminarán más adelante en su obra magna y obra principal de la literatura rusa, *Yevgueni Oneguin.*

La lengua que Pushkin utiliza en sus poemas narrativos es siempre elegante y rica, expresiva, con un léxico extenso y, a pesar de ello, sobria y carente de adornos superfluos. Si con *Ruslán y Liudmila*, el primero de sus poemas narrativos, Pushkin se introduce en las raíces populares de la lengua rusa (lo que supone una renovación de lengua literaria), con los siguientes poemas narrativos emplea ya el registro medio tan personal que va a caracterizar a su pluma. Todo ello, sumado a un estilo ágil, juega con maestría a favor de una gran verosimilitud que anuncia la futura literatura naturalista y realista rusa.

LA TRADUCCIÓN

Traducir es siempre un trabajo laborioso plagado de opciones. Cuando la traducción es de poesía, la dificultad y las opciones se multiplican. ¿Es posible trasladar de una lengua a otra de forma íntegra el contenido y el continente que conforman la buena poesía? ¿Es posible sacrificar uno en favor del otro? ¿Es sensato? En estos poemas narrativos nos hemos encontrado inevitablemente ante semejante cuestión. Y la solución que hemos elegido es, a nuestro entender, la más sensata: conservar todo el contenido y presentarlo en parte del continente. Para ello hemos mantenido la versificación del original ruso y hemos creado un verso blanco, sin rima, pero en el que el ritmo adquiere una importancia sonora y expresiva, descendiente del original, que desde el primer momento nos permite comprobar que no estamos ante un texto en prosa y que reproduce la lengua poética del autor con gran atención a la carga semántica de cada palabra y expresión utilizadas.

El contenido del original ruso aparece, pues, con gran fidelidad y exactitud y con limitadas licencias, sometidas invariablemente a la sonoridad y el ritmo, aunque fieles y siempre cerca de ese contenido original. Estas traducciones de *La fuente de Bajchisarái*, *Los gitanos* y *Poltava* son las primeras que se realizan de dichas obras al español. Han sido traducidas directamente del ruso a partir de la edición de *Obras completas en un tomo* de Alexandr Pushkin, publicada en Moscú por la editorial Judózhestvennaia Literatura en 1984.

«LA FUENTE DE BAJCHISARÁI»

Pushkin, ya en el exilio en Besarabia, visita Bajchisarái el 7 de septiembre de 1820 con la familia del general Raievski, para quien trabaja como secretario. El poeta ya conocía la leyenda del lugar y estaba muy interesado en conocer el palacio del kan. Pero el estado ruinoso del monumento le decepciona profundamente y ve cómo la Fuente de las Lágrimas se encuentra en pésimo estado. A pesar de ello, queda fascinado por la historia que allí se encerraba y se ilusiona con la idea de componer un poema sobre esta leyenda, que relataba el origen de la Fuente de las Lágrimas. La leyenda es la siguiente. El kan de Crimea Karim Giray se casó con una nueva esposa, Diliara, a la que amaba con locura. La primera esposa del kan, presa de los celos y temerosa de perder los favores de su marido, envenenó a Diliara. El kan, roto de dolor, ordenó construir una fuente que llorara eternamente por su joven esposa asesinada.

El amor de Pushkin por la literatura popular, inculcado en su niñez por su nodriza, Arina Rodiónova, le mueve a recoger esta leyenda, cuyos hechos reales se remontarían a 1764 (solo cincuenta y siete años antes de comenzar a ser escrita la obra), y la transforma en uno de sus más bellos e intensos poemas narrativos. El autor comienza la redacción de *La fuente de Bajchisarái* en la primavera de 1821, pero es durante el año siguiente, 1822, cuando escribe la mayor parte. En 1823 corrige los borradores y en el otoño de ese año queda ya fijado el texto definitivo. Pushkin fue en un principio reticente a publicar *La fuente de Bajchisarái* por motivos personales. Éstas son sus propias palabras en una carta dirigida a su hermano: «Muchos pasajes hacen referencia a una mujer de la que he estado enamorado durante mucho tiempo y de una forma muy estúpida». Aún a día de hoy la identidad de esta mujer sigue siendo un misterio. Tanto es así que los estudiosos del autor se refieren a ella como su «amor secreto».

Es el príncipe Piotr Viázemski, poeta, crítico literario y amigo del Pushkin, quien realiza la edición y el prólogo y prepara el poema para la imprenta. La primera edición sale a la luz el 10 de marzo de 1824 en San Petersburgo. El éxito es fulminante. En 1827 se publica la segunda edición, esta vez acompañada de las ilustraciones de Stepán Galaktiónov.

«La fuente de Bajchisarái», poema narrativo

La fuente de Bajchisarái se compone de un canto único en el que el autor utiliza una vez más el tetrámetro yámbico asociado a sus poemas narativos. *La fuente de Bajchisarái* está encabezada por una cita del poeta persa medieval Musharrif ibn Muslih Saadi, considerada por el propio Pushkin «lo mejor del poema». La narración está interrumpida tan solo en dos ocasiones. La primera, al comienzo de la obra, por la canción tártara, donde el autor recrea las poesías orientales tan del gusto de la época, a la vez que presenta el tono del poema y a una de las dos protagonistas femeninas, Zarema. La segunda, ya al final, por el parlamento de ésta.

La fuente de Bajchisarái es el quinto poema narrativo de Pushkin. El nuevo poema asombra por su libertad compositiva. El autor se aleja del clasicismo imperante y rechaza toda planificación. El resultado es un texto acaso fragmentario que aparenta ser totalmente improvisado. De hecho, el propio Pushkin, en una carta dirigida a Viázemski, denomina a su poema como «pasajes incoherentes». Su intención no es componer una obra perfecta según los cánones, sino dar forma del modo más fresco y fiel a la tradición a la leyenda popular que ya conocía. O lo que es lo mismo, Pushkin desea crear un poema *anónimo* tradicional. Para ello se vale del exotismo y el orientalismo tan del gusto romántico, que aquí nunca sobrepasan una elegante sobriedad. A veces podemos descubrir en el texto un exquisito tour turístico con descripciones sucintas pero minuciosas y detalladas, especialmente del palacio y de la fuente).

Tampoco rechaza Pushkin sus habituales humor e ironía, que quedan incrustados de forma inevitable en el texto y que en ocasiones llegan a pasar desapercibidos o incluso se confunden. Valga como ejemplo el modo en que trata la supuesta victoria de la cruz sobre la media luna al final del poema.

Pushkin reconoce la influencia inevitable de Byron. Más allá de los elementos exóticos, vemos cómo la leyenda emanada del pueblo se transforma en un texto fijo atrapado de forma vívida en los atributos del romanticismo. El amor, todo tipo de amor (incluida la pasión), es lo que mueve la acción y a los personajes.

El argumento es reducido, camerístico, aunque no por ello la obra se ve afectada en su desarrollo. Pushkin gusta de los argumentos breves, domésticos, y los domina a la perfección (no hay más que ver su obra cumbre, *Yevgueni Oneguin*). Se permite algunas licencias literarias con respecto a la leyenda original. El kan Giray ama locamente a una de sus concubinas, Zarema, pero durante una de sus incursiones conoce a la princesa polaca María, de la que se enamora perdidamente. La rapta y la lleva a su palacio. Allí María sustituye a Zarema en el corazón del kan. Pero Zarema no se da por vencida. Con este argumento Pushkin compone un ejemplar poema escrito con toda su maestría.

Temas tan románticos como el amor, la pasión y la lealtad aparecen bellamente estilizados en esta breve joya literaria que es *La fuente de Bajchisarái*. La figura del héroe romántico, en otras obras del período delineado de forma única e inequívoca en un solo personaje, se diluye aquí en los tres personajes principales, María, Zarema y Giray. Los tres contienen ese germen del héroe romántico tradicional, pero cada uno de una forma y en un grado diferente y personal. Cada uno de ellos se enfrenta a la sociedad y a su destino de modo particular, característico, y los efectos de éste último resultan también, por supuesto, diferentes para todos.

Personajes de «La fuente de Bajchisarái»

Los tres personajes principales, María, Zarema y Giray, están basados en figuras históricas. Debido a la breve extensión del poema, la descripción de estos personajes es leve, casi un esbozo. Pero, a pesar de ello, el autor consigue un perfecto y profundo retrato psicológico. Zarema es el nombre que Pushkin da a la primera esposa del kan. Es una mujer pasional, entregada, enamorada del kan Giray.

Como buena georgiana, lucha hasta el final por ese amor asimétrico que existe entre ella y su marido. Para Zarema no hay nadie más que su esposo, pero para él, Zarema, aunque su preferida al comienzo del poema, es totalmente reemplazable. Zarema se rebela ante esta injusticia y toma en sus manos las riendas de su destino. Por ello se enfrenta a los deseos del kan y a María para recuperar lo que le pertenece. Nada, ni siquiera la inocencia de María, podrán detenerla. Pero Zarema posee también un alma noble que, una noche, en un fatídico encuentro con María, la lleva a sincerarse, a rogarle, a humillarse ante ella. Solo después hallará el valor para amenazarla.

María es el nombre literario de la segunda esposa del kan, Diliara, de origen incierto. María es en el poema una joven princesa polaca. Es una víctima por partida doble del kan Giray, que asola su país, asesina a su padre, la secuestra y la introduce en su harén. Por él ha perdido sus raíces, su futuro, su juventud, el amor y la libertad. Ha perdido, por lo tanto, su persona. Y es condenada a amar a alguien a quien, por causas lógicas, le es imposible amar. Pero su entereza no le permite fingir y se opone a su situación mediante la sinceridad: no oculta a nadie que no ama ni amará jamás al kan. Y por ello acepta su destino, sea el que sea. María también es víctima de Zarema, que, aun siendo consciente de la inocencia de la joven, toma de forma deliberada la injusta decisión de cargar contra ella. María tiene, pues, la mitad de posibilidades de salir triunfadora de tan difíciles circunstancias.

El kan Giray es el tercer vértice en este obligado triángulo. Giray es el amo todopoderoso. Posee tierras y riquezas que nunca le bastan y que siempre quiere aumentar. Las mujeres son para él una posesión más, algo de lo que gozar y deshacerse cuando ya no obtenga el beneficio esperado. Y para ello no le importa destrozar vidas literal y figuradamente. Pero no es malvado. Esto es, no obra con malicia. Simplemente considera que sus actos son naturales y no repara en el sufrimiento que causa su avaricia, de la que tampoco es consciente. Solo al final del poema se nos muestra su lado humano, romántico incluso, gracias a la construcción de la fuente que da título al poema y que sirve como monumento funerario a su amor perdido. Podríamos considerar a Giray una tercera persona. Es decir, el personaje del que todos hablan en una obra pero que no aparece en ella o lo hace muy tarde. Mientras que María y Zarema hablan directamente en el texto, se enfrentan la una a la otra y exponen su situación, Giray nunca aparece de forma explícita y es solo el narrador quien le da presencia en el poema e informa al lector de sus andanzas.

El cuarto personaje, cómo no, es el narrador. Un narrador que en parte es el mismo autor y en parte es alguien por completo diferente. Esta técnica le sirve a Pushkin una vez más para evitar la censura y poder ofrecer al lector su punto de vista, muchas veces crítico y lleno de ironía, sobre lo que allí sucede. Es al final del poema cuando se concentran las reflexiones del narrador y sus vivencias personales, lo que le permite a Pushkin concluir su obra de una forma poética y a la vez punzante, a la altura de pasados y futuros triunfos.

Los tártaros de Crimea

El pueblo mongol habitaba ya en el siglo IV las estepas del desierto del Gobi. Durante el siglo V avanza hacia el sur, pero es rechazado por la dinastía china Jin. Se establece entonces en las tierras del oeste y se forja el germen de lo que será el imperio mongol. Es en 1206 cuando Gengis Kan reúne a todas las tribus mongolas y extiende su imperio por el norte de China, Asia Central, Persia, el Cáucaso y Rusia. El caudillo Subotái cruza las fronteras de la Rus de Kiev y se enfrenta a los rusos en la batalla del río Kalka en 1223. Así se prepara la invasión mongola de la Rus de Kiev. Una tribu mongola, los ta-ta, dirigidos por Batú Kan, nieto de Gengis Kan, desciende hasta Crimea, la conquista y se establece allí. Los mongoles ta-ta pasan entonces a ser conocidos como los *tártaros*. Desde Crimea, Batú Kan lleva a cabo la invasión de la Rus de Kiev entre 1237 y 1240. Conquistó y arrasó Kiev y se dirigió al norte, haciendo lo propio con ciudades como Rostov, Úglich, Kostromá, Kolomna, Tver y Torzhok, entre otras, y llega hasta Moscú. La ocupación mongola de Rusia llega a su fin en 1438, con la descomposición del imperio mongol. A pesar de ello, algunas ciudades quedan en manos mongolas y tártaras durante un tiempo. La ciudad de Kazán, por ejemplo, no fue devuelta a Rusia hasta que Iván el Terrible la conquistó en 1552.

Los tártaros de Crimea representan otro de esos reductos que resisten la reconquista rusa. En 1441 Haci I Giray, primer kan de la dinastía Giray, funda el Kanato de Crimea, estado de los tártaros de Crimea y heredero de la Horda de Oro. A la muerte de Haci I Giray, ocurrida en 1466, el Kanato de Crimea pasa a ser un protectorado del imperio otomano. A pesar de esta alianza, el imperio otomano intenta su conquista en 1475, pero es rechazado por los príncipes tártaros. Durante los siguientes siglos se suceden las incursiones contra Moscú, que permanece invicto, y los conflictos con el reino de Polonia y el de Suecia. En 1768 el sultán otomano Mustafá III se alía con Polonia e invade Rusia. Da comienzo pues la guerra ruso-turca que termina con la victoria de Rusia en 1774. El Kanato de Crimea es considerado un estado independiente, pero en 1783 es incorporado definitivamente al imperio ruso.

Karim Giray

Karim Giray (1717-1769) fue kan de Crimea en dos ocasiones, entre los años 1758 y 1764 y más tarde entre 1768 y 1769. Comenzó a intervenir desde muy joven en la política de su país e hizo gala de una acérrima hostilidad hacia Rusia. Tras ostentar diversos cargos de poder, Karim Giray es nombrado kan por el sultán Mustafá III en 1758. Nada más llegar al trono intenta forjar una alianza con Federico II de Prusia para detener la amenaza expansionista de la zarina Isabel I. Pero el nuevo zar, Pedro III, consigue en 1762 la paz con Prusia (en el contexto de la Guerra de los Siete Años), por lo que el emperador prusiano considera innecesaria dicha alianza. Karim Giray se propone entonces invadir la Mancomunidad polaco-lituana para debilitar la fuerza de Rusia en Europa. Catalina II, ya en el trono ruso, había facilitado la llegada a la corona de Polonia de su protegido Estanislao II Poniatowski. Karim

Giray no consigue su objetivo y, a pesar de que demuestra la torpeza de la neutralidad otomana con Europa y la fragilidad de la paz con Rusia, el sultán lo destituye de su cargo y nombra kan a Selim III Giray, a quien suceden en el breve periodo de cuatro años Arslán Giray y Maksud Giray. En 1768 el sultán declara la guerra a Rusia, dando inicio a una nueva guerra ruso-turca que tendrá como resultado la victoria rusa en 1774. Rusia se anexará Crimea y comenzará el fin del kanato, títere del imperio otomano. El sultán considera a Karim Giray la única figura capaz de enfrentarse al ejército ruso y lo devuelve al trono. Karim Giray, de nuevo kan, lleva a cabo nuevas incursiones contra Rusia en tierras de Ucrania, Polonia y Moldavia. Allí muere en 1769 de forma repentina en su campamento próximo al pueblo de Căușeni. Si bien se ha confirmado que su muerte se debió a un envenenamiento, las causas de éste no están claras. Algunas teorías afirman que fue por orden del sultán Mustafá III, que ya no confiaba en su vasallo. Otras, que fue a causa de un remedio curativo mal administrado por el médico del kan, el griego Sirópolos. El cuerpo de Karim Giray fue llevado a Bajchisarái y enterrado en el Cementerio de los Kanes del palacio, donde aún permanece. Su reinado se caracterizó por una beligerancia extrema contra Rusia y un sometimiento casi total al imperio otomano. A su vez, también supuso un enorme desarrollo de la economía y la cultura del país. Los cereales, los minerales y los metales preciosos se convirtieron en las principales fuentes de riqueza. Además, Karim Giray realizó una profunda reforma monetaria. Igualmente, su reinado significó el apogeo artístico de Crimea. Artistas internacionales de todas las disciplinas (incluido el teatro) fueron invitados a Bajchisarái, donde muchos de ellos dejaron su huella imborrable.

Bajchisarái

Los primeros documentos históricos en los que aparece citada la ciudad de Bajchisarái datan de 1502. Está situada en el valle del río Churuk-Su, en el interior de la cordillera de las montañas de Crimea y a unos treinta kilómetros de Simferópol, la capital de Crimea. En 1532, al poco de llegar al trono, Karim Giray decide trasladar su residencia, fijada en Salachik, a otro lugar y construir allí un palacio completamente a su capricho. Es entonces cuando elije Bajchisarái como la capital de su kanato y abandona Salachik. Bajchisarái se convierte en el símbolo personal del kan. Karim Giray construye un lujoso palacio y dota a la ciudad de una suntuosa corte y la embellece con numerosas obras de arte. Bajchisarái pasa a ser un importante centro político, cultural y comercial (la ciudad destacaba en el comercio de esclavos). El nombre de Bajchisarái significa en tártaro de Crimea «el palacio del jardín». Tras la incorporación de Crimea a Rusia en 1783, Bajchisarái pierde la capitalidad pero conserva su condición de centro espiritual para los tártaros de Crimea.

Palacio de los Kanes de Bajchisarái

El Palacio de los Kanes de Bajchisarái fue construido, como hemos dicho, por Karim Giray en los primeros años del siglo XVI, coincidiendo con el inicio de su kanato. Sus arquitectos, persas, otomanos e italianos, condensan en él lo mejor de su cultura y así el palacio sintetiza lo que Bajchisarái pretende ser, un crisol de culturas. Desde entonces, el Palacio de Bajchisarái fue la residencia oficial de los kanes de Crimea. Dentro de un recinto amurallado se levantan el palacio real, el harén, una mezquita, el Palacete del Embajador, diversos gabinetes, establos, baños, torres, puertas, fuentes, jardines y un cementerio real. El palacio, erigido según los cánones del arte de los tártaros de Crimea, es uno de los construidos por musulmanes mejor conservados de Europa, junto con el Topkapi, en Estambul, y la Alhambra de Granada.

La Fuente de las Lágrimas

Entre las nuevas construcciones y monumentos erigidos por Karim Giray se encuentra la famosa Fuente de las Lágrimas. Ésta se construyó para conmemorar la muerte de Diliara, la amada segunda esposa del kan, para que sus aguas lloraran su pérdida por toda la eternidad. La diseñó el arquitecto persa Omer y está construida en mármol blanco al estilo tradicional islámico, en un formato vertical. Es, por lo tanto, una idealización más de la fuente del paraíso (la fuente Selsebil). En el centro hay una flor de la que gotea el agua en forma de lágrimas a un cuenco grande y de ahí a otros más pequeños. Así dos veces más hasta llegar a una pequeña taza semicircular, delante de la cual hay tallada una espiral, símbolo de eternidad. En la parte superior de la fuente están grabados unos versos del poeta Sheij, y sobre la parte central un verso del Corán:

«En el paraíso los justos beberán agua de una fuente de nombre Selsebil». Originalmente se encontraba situada en uno de los jardines, pero el manantial que la alimentaba se secó y Catalina II la trasladó al lugar donde se encuentra actualmente, uno de los laterales del patio del Palacete del Embajador. Junto a ella se colocó durante la época soviética un busto de Alexandr Pushkin, que con su poema ayudó a popularizar la fuente, el palacio y la ciudad de Bajchisarái.

Otras Fuentes de Bajchisarái

Como era de esperar, *La fuente de Bajchisarái*, al igual que tantísimas obras de Alexandr Pushkin, trasciende tinta y papel y toma cuerpo a través de otros lenguajes artísticos.

La primera adaptación del poema la encontramos incrustada en la obra de teatro *Karim Giray, kan de Crimea*, de Alexandr Shajovskói. Si bien los dos primeros actos tienen un argumento independiente, el tercero es una adaptación del poema de Pushkin. La obra se representa por primera vez en San Petersburgo en 1825, aunque para su publicación hay que esperar hasta 1841. La «Canción tártara» fue musicalizada por el príncipe Vladímir Odóievski, escritor, pensador y compositor aficionado. Es interesante recordar cómo Pushkin cita a Shajovskói en la estrofa XVIII del capítulo primero de *Yevgueni Oneguin* en los siguientes versos: «Allí el mordaz Shajovskói sacó a la luz / el ruidoso enjambre de sus comedias». Pushkin se refiere al mundo teatral en el que Shajovskói cosechaba un gran éxito con sus obras, donde satirizaba con acidez la actualidad del momento y a sus contemporáneos. Pushkin, al parecer, no solo se libraba de su punzante pluma, sino que, como vemos, le servía de inspiración para sus obras.

No podemos olvidar las ilustraciones que el pintor, grabador y paisajista Stepán Galaktiónov realiza en 1827 para la segunda edición del poema. En ellas muestra su estilo inconfundible, minucioso e idealizado, de ese mundo mágico y orientalizante que tanto fascinaba a los románticos. En 1837 los hermanos Grigori y Nikanor Chernetsov, amigos personales de Pushkin, pintan la acuarela *Pushkin en el palacio de Bajchisarái*. A modo de apunte de viaje, vemos al poeta que descansa de su paseo apoyado en una columna junto a la Fuente de las Lágrimas.

El cortometraje *La fuente de Bajchisarái* supuso el debut en la dirección de Yákov Protazánov, autor de la emblemática película *Aelita*. El guión fue escrito por el mismo director, y en los papeles principales actuaban Vladímir Shatérnikov (Karim Giray), María Koroleva (Zarema) y Elena Uvárova (María). La película se rodó en 1909. Según los estudios realizados por el periodista, guionista y escritor Vsévolod Vishnevski, el cortometraje fue estrenado en Moscú el 1 de enero de 1910. Por el contrario, el cineasta y escritor Moiséi Aléinikov afirma que la película fue rodada desenfocada y que nunca se estrenó. Actualmente el film se considera perdido.

La ópera no fue ajena tampoco al poema de Pushkin. El compositor alemán Alexander von Zemlinsky se siente cautivado por las aguas de *La fuente de Bajchisarái* (si bien a través del drama *Sarema*, adaptación del alemán Rudolf von Gottschall del poema de Pushkin) y compone entre 1893 y 1895 *Sarema*, ópera en tres actos con libreto del compositor, de su hermano Alfons von Zemlinsky y de Arnold Schoenberg. La ópera fue estrenada en Múnich en 1897.

En Rusia es Alexandr Ilinski quien compone *La fuente de Bajchisarái*, ópera en cuatro actos estrenada en Moscú en 1911. Curiosamente, una pieza de la ópera, la «Bacanal de los espíritus», fue utilizada en occidente como parte de la banda sonora de la película *Al este de Java* (George Melford, 1935) y en los seriales cinematográficos *Tim Tyler's Luck* (Ford Beebe y Wyndham Gittens, 1937) y *Flash Gordon's Trip to Mars* (Ford Beebe, Robert F. Hill y Frederick Stephani, 1936-1940).

El compositor Borís Asáfiev, ideólogo del *coreodrama* soviético de los años 30, comienza la composición del ballet *La fuente de Bajchisarái* en 1932. El autor del libreto es el dramaturgo y libretista Nikolái Vólkov, que desarrolla muchísimo el argumento original e introduce nuevas situaciones y nuevos personajes. El ballet se estrenó el 28 de septiembre de 1934 en el Teatro Kírov de Leningrado. El coreógrafo fue Rostislav Zajárov, la escenógrafa Valentina Jodasévich y el director musical el mítico Yevgueni Mravinski. En los papeles protagonistas encontramos a Galina Ulanova (María), Olga Iordan (Zarema), Konstantín Serguéiev (Waclaw) y Mijaíl Dudkó (Karim Giray). El ballet adquiere un éxito inmediato y los reestrenos se suceden en Moscú, Samara, Nizhni-Nóvgorod, Kiev, Sverdlovsk, Minsk, Perm, Kazán, Odesa y otras ciudades de la URSS y también en el extranjero.

La compositora rusa Tatiana Smírnova compone en 1999 su opus 90, *La fuente de Bajchisarái*, obra en siete partes para recitador y sintetizador. En 2009 escribe una segunda versión en cinco partes de su obra y la titula *Leyendas de Bajchisarái*, para recitador y piano.

«LOS GITANOS»

Los gitanos

Pushkin escribe el poema «Los gitanos» entre enero y octubre de 1824, durante su exilio en Ucrania. En 1825 se publica por primera vez en la revista La Estrella Polar, de Kondrati Ryléiev y Alexandr Bestúzhev, pero solo de forma fragmentaria. En 1826 la revista Flores del Norte, de Antón Délvig, publica el poema por entregas. La primera edición del texto completo verá la luz en 1827. El autor se inspira para la redacción de la obra en una experiencia personal. En 1820 el zar Alejandro I le envía al exilio en el Cáucaso y Ucrania. En Ucrania trabaja al servicio de varias personalidades, como el general Iván Ínzov y, posteriormene, el general Nikolái Raievski. Con éste último viaja por Crimea y Moldavia. Pero la vida de secretario no satisface a Pushkin, que abandona sus deberes temporalmente y escapa con una comunidad gitana. Convive con los gitanos durante dos meses y recorre con ellos Besarabia, región compartida por Moldavia y Ucrania. A su vuelta, lleno aún de la vida libertaria de la que ha disfrutado, escribe «Los gitanos». Con este poema Pushkin se acerca a la temática gitana tan habitual entre los románticos.

«Los gitanos» está compuesto por un canto único y un epílogo. Numerosos diálogos interrumpen la narración, en tetrámetro yámbico, y dotan al poema de una inmediatez acorde con la fluidez del texto y la espontaneidad del argumento. El poema, al igual que otros textos del autor (véase «Poltava»), puede ser visto como una obra de teatro con insertos narrados o como una narración con insertos dramáticos.

«Los gitanos», poema narrativo

«Los gitanos» es el último de los poemas escritos durante el exilio del autor. Aunque en su momento no gozó del mismo éxito que los anteriores, ahora está considerado el más maduro, innovador y original, y se aprecia su análisis sobre cuestiones psicológicas y morales. Si bien en el texto podemos encontrar una idealización de los gitanos y la vida gitana (e incluso algunas afirmaciones consideradas hoy no demasiado correctas políticamente), sí reproduce a la perfección la existencia y las costumbres tan diferentes de este colectivo.

La influencia de Byron es aún clara, y podemos verla a simple vista en el escenario exótico, las transiciones abruptas y la conquista amorosa como generadora de conflictos. De un modo algo más profundo, encontramos los principales rasgos románticos asociados al poema narrativo en la contemporaneidad de la historia narrada, la riqueza rítmica y la musicalidad de la palabra poética.

Como buena obra romántica, «Los gitanos» aborda el eterno conflicto del individuo frente a la sociedad. Pero según avanza la obra podemos ver una cuestión que no siempre suele aparecer en las obras de este periodo. Al menos de forma tan evidente. La sociedad como víctima del individuo. Los personajes, aunque no igual de delineados como en otras obras de Pushkin, quedan perfectamente retratados psicológicamente. Aleko, el protagonista, que el autor nos presenta en un primer momento como un héroe romántico al uso, es un habitante de una gran ciudad hastiado del modo de vida y de la hipocresía existente en la urbe. Incluso podría ser visto como un ensayo para el protagonista masculino que da nombre a su obra cumbre, la novela en verso *Yevgueni Oneguin.* Además, es perseguido por la justicia por un delito que no nos es revelado. Por ello decide escapar de la ciudad y unirse a una comunidad gitana y adoptar su forma de vida ociosa, su libertad y su alejamiento de los estándares morales. El autor introduce aquí el concepto tan típicamente romántico del buen salvaje heredado de Rousseau. Ante la degradación espiritual del individuo en la civilización, a éste solo le queda la posibilidad de escapar a la Naturaleza y reintegrarse de nuevo en su armonía, una vez perdida, y vivir una vida más sencilla, honesta y pura. Pero Pushkin introduce entonces la gran pregunta: ¿puede un individuo que ha vivido en la civilización (y que, por lo tanto, ya está corrompido) ser totalmente libre? Ése es el conflicto sobre el que se articula el poema. La libertad ansiada por Aleko se convierte en su destino, en un destino del que, al igual que Edipo, no puede escapar. Un destino con el que quedan heridos no solo él, sino todos los que le rodean. Esta pregunta es lo que separa a este poema byroniano del propio Byron. Este alejamiento se irá acentuando en las siguientes obras de Pushkin, como *Poltava.*

Para Aleko, que ansía con todas sus fuerzas ser gitano, como se afirma en el poema, le resulta del todo imposible integrarse en la pureza de la vida gitana. La Naturaleza byroniana no le proporciona la felicidad buscada que se le garantizaba. Pues existe el destino, que no es otra cosa que el carácter del personaje al más cruel modo griego.

El tema principal del poema, la libertad, debe ser urgentemente matizado. Si Aleko es a la vez protagonista y antagonista del poema, su libertad debe experimentar también una trascendental dualidad. O mejor dicho, Aleko no es consciente de que la libertad no significa lo mismo para un urbanita civilizado que para un buen salvaje. Y que para pasar de una a otra debe haber un aprendizaje que él se niega a realizar. El individuo tiene que reaprender el concepto de propiedad. Aquí tenemos la idea que llevó a literatos como Fiódor Dostoievski o Viacheslav Ivánov a ver un germen anarquista en el poema pushkiniano. La libertad de uno termina donde empieza la del otro, dirían muchos. La libertad no empieza ni termina, podríamos entresacar del poema. La libertad del urbanita civilizado queda personificada en Aleko (encarnación a su vez del autor; su nombre es una variación del nombre propio de Pushkin: Alexandr). La libertad del buen salvaje está personificada en Zemfira, la joven gitana con quien Aleko mantiene una relación amorosa. Zemfira es su contrapeso, su antagonista fuera de él. La libertad debe otorgar dignidad a la persona. Y la única persona digna al final del poema es Zemfira. Aleko, el héroe que desafía a la sociedad que le oprime, termina convirtiéndose en su representante allá en las tierras y lugares donde debería triunfar la libertad. El error de

Aleko es querer encontrar la libertad como un don, como un regalo que viene de fuera, cuando para encontrarla, al igual que Zemfira, debería haber buscado en su interior, en su persona, pues es ahí donde se esconden los demonios, los miedos, pero también la grandeza del individuo.

A la búsqueda de la libertad, y por tanto también del amor, por parte de Aleko también colabora otro personaje importante, el del anciano padre de Zemfira. El anciano encarna la auténtica sabiduría vital. Intenta moldear a Aleko para su nueva situación, eliminar su orgullo, su egoísmo, el deseo de posesión, los celos, la necesidad de venganza, su ley personal. Para ello se vale de bellísimas narraciones en las que hace referencia a su pasado o a leyendas locales, como la que hace referencia al exilio en tierras de Besarabia del poeta latino Ovidio (exilio con el que Pushkin compara el suyo en numerosas ocasiones). Pero el destino se muestra implacable con Aleko, que infecta inevitablemente a los gitanos con su destructivo individualismo.

La música tiene un papel importante en «Los gitanos». El poema contiene dos canciones. La primera, la canción del pajarillo, resuena en el aire y Aleko la escucha cuando lleva pocos días en la comunidad gitana. Es una cancioncilla de 2 estrofas de 8 versos y 8 sílabas que ilustra tanto la vida gitana como la nueva existencia de Aleko a través de un pajarillo que viaja en busca de un lugar mejor y que es libre como la naturaleza. Incluso se muestra profética en algunos versos. Si en algunos momentos esta canción puede recordarnos a la habanera de *Carmen*, de Bizet, al comienzo del primer acto de la ópera («*L'amour est un oiseau rebelle* [*El amor es un pájaro rebelde]...*»), tal vez no sea por pura casualidad, como veremos más adelante. La segunda es la canción de Zemfira, que comienza con el verso «*Viejo esposo, cruel esposo*» y que está compuesta de 5 estrofas de 4 versos y 7 sílabas. En ella comprobamos el deterioro de la relación de Aleko y Zemfira y vislumbramos un trágico final. Es igualmente un canto a la libertad y contra las costumbres burguesas. Pero también puede ser vista como una maldición que se transmite de generación en generación: quien la escucha está condenado a revivir lo que allí se cuenta. La canción de Zemfira conecta directamente, pues, con la tragedia. Una tragedia que a los hispanohablantes puede trasladarnos al mundo lorquiano. Las cinco estrofas están interrumpidas por diálogos de los Aleko y Zemfira, en los que el primero le reprocha que cante esa canción y le pide que deje de hacerlo. Zemfira, por supuesto, se niega y continúa su canción. Si este pasaje nos recuerda a la seguidilla que Carmen canta al final del primer acto de la ópera («*Près des remparts de Séville* [*Junto a las murallas de Sevilla*]...») y que don José interrumpe antes de caer en las redes de la protagonista, puede que tampoco sea por casualidad. La canción de Zemfira, con su expresividad rítmica, atrajo el interés de muchos artistas, contemporáneos y posteriores, de Pushkin. Los poetas que la imitaron y los compositores la musicalizaron. De hecho, fue la primera pieza de la obra en ser traducida, de modo independiente, al inglés por el escritor y viajero aficionado George Burrow (1803-1881).

En el epílogo el narrador reflexiona y nos revela sus propias experiencias. Es pesimista, pues llega a la conclusión de que tampoco bajo las tiendas gitanas se encuentra por sí sola la felicidad, pues por todas partes acechan las pasiones y el destino (el carácter de cada persona) no se cambia al escapar. Con el epílogo se cierra el poema de forma admirable.

Influencias de «Los gitanos»

Continuamente vemos cómo las obras de Pushkin han influido e inspirado, y continúan haciéndolo, obras de otros autores, incluso de diferentes disciplinas artísticas. Desde el primer momento, la austera belleza de «Los gitanos» ha sido imitada por escritores rusos y extranjeros. Ya hemos citado la importancia y fama que adquirió la canción de Zemfira dentro y fuera de las fronteras rusas. El compositor Alexéi Verstovski (1799-1862) compuso en 1832 una romanza titulada *Canción gitana de Zemfira* en la que utilizó el texto de Pushkin. Más tarde, en una fecha indefinida entre 1860 y 1865, fue Piotr Chaikovski (1840-1893) quien hizo lo propio. Tituló a su romanza, sencillamente, *Canción de Zemfira.*

Algunos críticos calculan que «Los gitanos» ha inspirado al menos seis ballets y dieciocho óperas. Entre estas últimas podemos encontrar *Zingari* (1912), del compositor italiano Ruggero Leoncavallo (1857-1919), y *Los gitanos* (1941), del compositor ruso Vasili Kalafati (1869-1942). Pero la ópera que más celebridad ha adquirido basada en este poema de Pushkin es *Aleko*, de Serguéi Rajmáninov (1873-1943). Fue compuesta en 1892 como trabajo de fin de carrera en el Conservatorio de Moscú. El libreto es obra del director de teatro Vladímr Nemiróvich-Dánchenko (1858-1943) y se estrenó el 9 de mayo de 1893 en el conservatorio dirigida por Ipolit Altani. Rajmáninov no tenía demasiada confianza en el éxito de su ópera, pero fue tan aclamada por crítica y público que el 18 de octubre del mismo año fue llevada al prestigioso Teatro Bolshói de Moscú dirigida por el mismo compositor. El gran bajo Fiódor Shaliapin (1873-1938) incorporó el papel de Aleko a su repertorio a partir de las celebraciones del centenario de Pushkin. Lo cantó por primera vez el 27 de mayo de 1899 en el Teatro Mariinski de San Petersburgo, dirigido igualmente por el compositor. Recomendamos dos grabaciones de *Aleko*, de Serguéi Rajmáninov. La más antigua, de 1951, está protagonizada por Iván Petrov, Nina Pokróvskaia, Alexandr Ógnivtsev, Anatoli Orfiónov y Bronislava Zlatogórova. La orquesta y el coro son los de la Radiotelevisión de la URSS y el director Nikolái Golovánov. La segunda es de 1993. Los cantantes son Vladímir Matorin, Natalia Yerásova, Viacheslav Pochapski, Vitali Taráschenko y Galina Borísova. Andréi Chistiakov los dirige junto a la Orquesta Filarmónica y el Coro de Plóvdiv.

Una cuestión que ha levantado más de una ampolla es la influencia más que probable de «Los gitanos» de Pushkin en la novela *Carmen*, de Prosper Mérimée (1803-1870). El escritor francés hablaba varias lenguas, entre ellas el ruso, y amaba la obra de Pushkin. Se sabe que leyó «Los gitanos» en 1840 y que en 1852 llevó a cabo una traducción en prosa al francés. Entre esas dos fechas, en 1845, Mérimée publicó *Carmen*. La historia de la famosa cigarrera sevillana, que lucha por su libertad hasta el último aliento, presenta demasiadas coincidencias con la gitana Zemfira como para que pasen desapercibidas a quien conoce ambas obras. La *Carmen* de Mérimée inspiró asimismo la popular ópera homónima de Georges Bizet (1838-1875), estrenada en el Teatro Nacional de la Ópera Cómica de París el 3 de marzo de 1875. Pocos escritores como Pushkin, muchas veces tan poco conocido en estos lares, estuvieron tan presentes en una obra que ha paseado a España por todo el mundo...

«POLTAVA»

Pushkin acababa de escribir en 1825 su drama histórico *Borís Godunov*, que tantos problemas con la censura le proporcionó al exponer el funcionamiento de la monarquía (especialmente en Rusia). La temática histórica le atrae de nuevo y se plantea la escritura de una epopeya basada en otro momento significativo de la historia de Rusia. Como hizo con *Borís Godunov* y hará posteriormente en numerosas ocasiones, el poeta vuelve a sumergirse en la *Historia del Estado Ruso*, que Nikolái Karamzín publicó en 1818 y que supuso un vuelco en la historiografía nacional por su carácter científico. Es allí donde encuentra un suceso, la batalla de Poltava, y unos personajes, Mazepa, María y Kochubéi, que le fascinan. Esta historia le permite manejar los resortes necesarios para convertirla en una narración con ingredientes románticos a partir de la pasión amorosa de María y Mazepa y de la traición al zar de éste último.

El autor comienza la redacción de su nueva obra el 5 de abril de 1828 y la termina el 27 de octubre de ese mismo año. La primera publicación ve la luz al año siguiente,

1829. Si bien el título primigenio del poema es *Mazepa*, es solo a última hora, poco antes de ser editado, cuando Pushkin lo cambia por el de «Poltava». La mezcla de personajes y hechos históricos con un amor al estilo romántico pero a la vez realista, verosímil, hace que «Poltava» alcance en breve tiempo un éxito considerable. Pushkin ya es un autor famoso, que ha vuelto en 1826 de un exilio de seis años por oponerse al zar, y es conocido por obras como el poema narrativo *Ruslán y Liudmila*, el drama *Borís Godunov*, poesías como *Oda a la libertad* y otros poemas narrativos como *El prisionero del Cáucaso* o *La fuente de Bajchisarái*, compuestos durante el exilio. El autor decide, pues, incluir su nueva obra dentro de ese género que tanto éxito le ha procurado, el del poema narrativo, que a su vez le facilita el carácter épico que necesita para su creación.

«Poltava» se compone de una breve dedicatoria y tres cantos, que corresponden perfectamente a la exposición, el nudo y el desenlace. En los dos últimos cantos (y especialmente en el segundo) combina la narración con extensos diálogos entre los personajes. Pushkin vuelve a utilizar el mismo pie que ya ha usado en anteriores poemas narrativos: el tetrámetro yámbico. Además, Pushkin dota a su texto de unas notas salidas de su propia pluma con las que arroja luz sobre hechos históricos o personajes que considera necesario comentar. En esta edición hemos conservado esas notas y las hemos señalado como notas del autor (las demás notas son del traductor).

El poema se articula sobre dos líneas argumentales paralelas que terminan por cruzarse inevitablemente. La primera es el amor prohibido entre Mazepa y María. Él, un viejo cosaco versado en mil batallas, gobernador de Ucrania y un taimado político con grandilocuentes y peligrosas aspiraciones. Ella, su ahijada, la joven hija de un rico propietario, Kochubéi, amigo inseparable de Mazepa. María ve en Mazepa a un héroe que representa el valor, la amistad, la seguridad y la alegría. Y Mazepa ve en María la juventud perdida, la fe en un ideal luminoso, la pureza.

La pasión surge entre ellos de forma inevitable. Pero a este amor romántico que ha superado de momento todos los obstáculos se le opone una realidad, trasunto del destino trágico, que le hace tambalearse. Kochubéi se siente traicionado por su amigo y le denuncia ante el zar Pedro I aduciendo los rumores de traición a la patria rusa que pesan sobre Mazepa. La tragedia está servida.

La segunda línea argumental es, precisamente, la traición de Mazepa al zar. Mazepa, un ferviente independentista ucraniano, espera el momento propicio para asestar el golpe necesario al estado ruso y conseguir así la independencia para su país y, al mismo tiempo, la corona para su cabeza. El rey sueco Carlos XII necesita una alianza en su pugna con Rusia por el dominio del mar Báltico en la Gran Guerra del Norte. Mazepa no duda en establecer contacto con él, ofrecerle su colaboración y firmar una alianza. En eso consiste la traición de Mazepa. La tragedia está servida por segunda vez.

Personajes de «Poltava»

Pushkin se propone ofrecer una visión diferente del cosaco Iván Mazepa de la conocida en la época, tanto dentro como fuera de Rusia. Si en el país corrían canciones y narraciones sobre el cosaco rebelde que se alzó contra la opresión de un zar absolutista en favor de la libertad de su pueblo, en el extranjero no era menor la idealización del personaje. Pushkin desea retratar un Mazepa más acorde con la realidad. Es por eso que, aunque parezca contradictorio, olvida al héroe romántico para escribir un poema romántico sobre el cosaco y le retrata como un despótico y soberbio gobernante que no duda en mentir, traicionar, torturar y matar para conseguir sus objetivos. Pero tiene un punto débil, un talón de Aquiles: su amor, sereno y a la vez apasionado, por María.

El auténtico Iván Stepánovich Mazepa nació el 30 (20) de marzo de 1639 en la aldea de Mazépinstsy, perteneciente a la ciudad de Bélaia Tsérkov, cercana a Kiev. Se educó en la Academia Kiiv-Mohyla de la capital ucraniana y después en el colegio jesuita de Varsovia. En Polonia sirvió durante 1689 como miembro del tribunal de justicia de Juan II Casimiro Vasa. A su vuelta a Ucrania quedó a las órdenes del atamán Petró Doroshenko hasta 1673, cuando pasó a las filas del atamán Iván Samóilovich, a quien denunció ante el zar Pedro I en 1687 por conspirar para lograr la independencia de Ucrania. Por ello es recompensado con el rango de *yesaúl* (equivalente al de general) y ese mismo año se convierte en atamán (o gobernador) de Ucrania. Su gobierno se caracterizó por un firme desarrollo de la cultura y la economía, pero, a la vez, por un régimen autoritario y represivo. Mazepa se ganó el favor de Pedro I y reprimió con crueldad numerosas sublevaciones contra el zar y contra él mismo. Convertido en uno de los más ricos terratenientes de toda Europa, Mazepa ansiaba la corona de Ucrania. Para conseguir este objetivo se alió en 1708 con el rey Carlos XII de Suecia, traicionando así a Pedro I, a quien hasta el momento, aparentemente, había sido leal. Los cosacos, la mayoría fieles al zar, le destituyen de su cargo de atamán el 11 de noviembre y nombran en su lugar a Iván Skoropadski. La iglesia ortodoxa, por su parte, le anatematiza. Mazepa es ya un fugitivo para Pedro I. Tras la derrota del ejército sueco por los rusos en Poltava, Mazepa huye con Carlos XII a la ciudad de Bender, donde fallece el 1 de octubre (21 de septiembre) de 1709.

Vasili Leóntievich Kochubéi nació hacia 1640 en una familia noble ucraniana de origen tártaro. Rico terrateniente, entró en el ejército de cosacos zapórogos en 1681, del que, en 1687, llegó a ser secretario general. Ese año traba una estrecha amistad con Iván Mazepa, a quien apoya en su denuncia contra el atamán Iván Samóilovich. Mazepa le nombra juez general en 1694. La confianza entre los dos hombres es tanta que Mazepa le revela sus intenciones de luchar por la independencia de Ucrania. Cuando en 1704 su hija y Mazepa mantienen un romance, Kochubéi se distancia de él y le denuncia ante Pedro I como peligroso independentista en 1706. El zar no da crédito a la acusación que pesa sobre su gobernador en Ucrania, al que considera su hombre de confianza, y la desecha. Una segunda denuncia llega a manos del zar y Mazepa es avisado de ello. Es entonces cuando Mazepa acusa a su vez a Kochubéi por falsa denuncia. Kochubéi es detenido, torturado y decapitado el 26 (15) de julio de 1708 en Borschagovka, cerca de Bélaia Tsérkov. Cuando Pedro I conoció la traición de

Mazepa, rehabilitó rápidamente a Kochubéi y a su lugarteniente, el coronel Iván Iskra (?-1709), ejecutado junto a él, y sus cuerpos fueron trasladados a Kiev y enterrados en el Monasterio de las Cuevas. Kochubéi en el poema es el símbolo del amigo fiel y del padre afectuoso que, al ver a su hija ultrajada y tal vez en peligro, se siente traicionado y no duda en recurrir a las más altas esferas e incluso a arriesgar la vida para salvar a su hija y el honor de su apellido. La tradición considera a Iskra y a Kochubéi tanto víctimas de las intrigas políticas de Mazepa como mártires por la causa rusa. Valga como ejemplo de este respeto hacia ellos la veneración que durante siglos se dispensó al camisón ensangrentado que Kochubéi llevaba en el momento de su ejecución y que fue guardado en la Iglesia de la Intercesión de la aldea de Zhuki (ahora exhibida en el Museo de Tradiciones de Poltava). En 1914 se levantó un monumento en Kiev en honor a Kochubéi e Iskra, cuyas figuras a tamaño real coronaban una roca a modo de pedestal. Tras la Revolución Rusa, las figuras de los dos hombres fueron reemplazadas por un cañón usado en el levantamiento de los trabajadores de la fábrica Arsenal, a quienes quedó dedicado el monumento.

María es el nombre que da el autor a la hija de Kochubéi y amante de Mazepa en «Poltava». Su nombre real fue Matriona Vasílievna Kochubéi. Nació en Dikanka en 1688 y recibió una esmerada educación. Se dice de ella que poseía una gran belleza. En 1704, cuando contaba diez y seis años, se enamoró de su padrino, Iván Mazepa, de sesenta y cinco. Mazepa pidió formalmente su mano, pero los padres de Matriona se la negaron, ya que por aquel entonces la ley eclesiástica consideraba las relaciones entre ahijados y padrinos como incestuosas. A diferencia de María en el poema de Pushkin, que es raptada por Mazepa, Matriona huye con él a su casa, pero Mazepa la devuelve con sus padres. Por deseo de su madre, Matriona es enviada a un convento. Durante el camino la joven consigue escapar una segunda vez y corre de nuevo junto a Mazepa, que otra vez la envía a la casa paterna. A pesar de ello, Mazepa le envía frecuentes regalos y mantiene con ella una correspondencia que pone de manifiesto los sentimientos de ambos. Los padres de Matriona rompen su amistad con Mazepa y revelan al zar los planes independentistas del atamán y su más que probable traición. En 1707 Matriona contrae matrimonio con el coronel Semión Vasílievich Chuikévich, que participará en la batalla de Poltava junto a Mazepa y Carlos XII. Chuikévich es condenado por ello al exilio en Siberia, adonde le sigue su esposa. Tras la muerte de su marido, Matriona regresa a Ucrania e ingresa en el monasterio de Nizhinski, cerca de Poltava, con el nombre de hermana Melania. En 1733 es nombrada madre superiora. Fallece el 20 (10) de enero de 1736 y es enterrada en el cementerio del monasterio. La María pushkiniana difiere bastante de la Matriona real. El autor resalta en María los rasgos de Matriona que mejor funcionan para crear un modélico personaje romántico, la hija virtuosa que lucha por su amor y que se sobrepone al mundo y los prejuicios de sus padres y de la sociedad. Aunque por ello se va a ver pronto arrollada por unas fuerzas que desconoce y que no muestran compasión por un corazón joven y apasionado. Matriona no solo inspira el personaje de

María en la «Poltava» de Pushkin, sino que otros autores la toman también como ideal para sus obras, como por ejemplo Alexéi Nikoláievich Tolstói para su relato *Obsesión*, de 1919. Como curiosidad, podemos recordar que Ganna, otra de las hijas de Kochubéi, fue esposa de Iván Pávlovich Obídovski, un sobrino de Mazepa.

La madre de María y esposa de Kochubéi no tiene nombre en el poema. El autor se refiere a ella como la *madre*. Su nombre real era Liubov Fiódorovna Zhuchenko. Se desconoce el año de nacimiento, pero se sabe que murió en 1722. Era hija del coronel de Poltava Fiódor Ivánovich Zhuchenko (?-1709), descendiente de una familia noble cosaca. Al igual que en «Poltava», fue una mujer de fuerte carácter que participó activamente en la denuncia de su familia contra Mazepa ante el zar y que castigó a su hija con el convento por su aventura amorosa con el atamán. Tras la muerte de Kochubéi, Liubov fue detenida y enviada al exilio hasta que Pedro I rehabilitó a su marido ejecutado. Entonces el zar le devolvió todas las propiedades que les habían sido confiscadas y nombró a su hijo mayor, Vasili, coronel de Poltava. Su hermana Praskovia estaba casada con Iván Iskra.

Igualmente, en «Poltava» aparecen otros personajes históricos como el antes citado coronel Iván Ivánovich Iskra, mano de derecha de Kuchubéi; Filipp Stepánovich Órlik (1672-1742), confidente de Mazepa; Carlos XII, el frívolo rey de Suecia; y, cómo no, el llamado *triunfador de Poltava*, el zar Pedro I. Pushkin elige sabiamente las características reales de estos personajes para crear los personajes literarios y ofrecer así una mayor verosimilitud a lo narrado en el poema. Podemos decir sin miedo a equivocarnos que todos los personajes que aparecen en «Poltava» son, más que el prototipo del héroe romántico, el prototipo del antihéroe romántico.

«Poltava», poema narrativo

Tenemos en «Poltava» uno de los más significativos poemas narrativos de Pushkin, si bien tal vez no sea tan popular como «Ruslán y Liudmila», «El prisionero del Cáucaso», «Los gitanos» o «La fuente de Bajchisarái». Aun así, «Poltava» representa una ruptura con el modelo byroniano y un mayor acercamiento a los dramas de Shakespeare. Esto se produce por la intención de Pushkin de escribir un texto más anclado en la verdad, en la autenticidad histórica, y menos en la visión subjetiva y sentimental de Byron. Pushkin toma el papel de historiador para recrear los acontecimientos y componer unos retratos psicológicos que obedezcan únicamente a los datos de los que dispone. Esto no le impide al autor opinar sobre lo que escribe, aunque en esta ocasión el narrador, su sempiterno *alter ego*, está más apegado al texto que a sus juicios personales. Pero Pushkin no es, evidentemente, un historiador, y los datos históricos le sirven de excusa para componer un poema siempre personal con el que recapacita sobre la posición política y cultural de Rusia en Europa y en el mundo.

Más que en otros poemas, en «Poltava» se mezclan diversos géneros y temas. Digresiones característicamente románticas como el amor, el individuo frente a la sociedad, la subjetividad ante las exigencias de la comunidad, son servidas en un texto con reminiscencias épicas, históricas, políticas y amorosas. «Poltava» no presenta una narración pura y continua, sino que la alterna con extensos pasajes dialogados que la conectan directamente con el drama. «Poltava» puede ser considerada una obra de teatro con partes narradas. O una narración con partes dramatizadas.

También se ha culpado a «Poltava» de ser un texto en el que el autor, contrariamente a su ideología liberal, lleva a cabo una apología del imperialismo ruso. Debemos tener en cuenta que Pushkin ha regresado hace poco del exilio y debe convencer al zar Nicolás I de que ya no representa mayor problema para él. Y por eso escribe un poema extraño en su producción que alaba a la corona rusa y, en concreto, a un monarca, Pedro I, con muchas luces, pero con no pocas sombras. Es posible que otro de los hechos que animaron a Pushkin a escribir sobre la batalla de Poltava fuera el nombramiento por esas fechas como presidente del Consejo de Ministros de Víktor Pávlovich Kochubéi, bisnieto de Vasili Kochubéi. Pushkin no pierde tampoco la ocasión de utilizar la ironía con la maestría que con la que siempre lo hace y dejar así solapada una opinión contraria a la tesis general. Es claro el retrato entre irónico y grandilocuente del zar marchando al frente de sus ejércitos, radiante como un dios, hacia la batalla en Poltava en el canto tercero.

Con todo ello, Pushkin escribe un poema narrativo con unos personajes de gran calado psicológico, humanos, alejados de moldes preestablecidos; una estructura sencilla y a la vez ejecutada con virtuosismo, equilibrada al estilo de los grandes clásicos; y con una carga y una exploración filosóficas al nivel de su autor, que no olvida en ningún momento la humanidad que caracteriza el periodo romántico en el que se inscribe.

Pedro I el Grande

Cuando el zar Pedro I el Grande (1672-1725) llega al trono en 1682, encuentra una Rusia anclada en la Edad Media, tanto en lo político como en lo económico. Tras compartir la corona, heredada de su medio hermano Fiódor III, con su otro medio hermano Iván V hasta la muerte de este, en 1696, se propone comenzar un periodo de modernización del país. Pedro I, que había viajado por Europa, estudiado en Ámsterdam y se había empapado de la cultura europea, deseaba acercar Rusia a las novedades que occidente le ofrecía y, así, europeizarla.

Su primera medida fue reducir el poder de los boyardos en la Duma, lo que supuso la resistencia de gran parte de ellos, que no deseaban perder sus privilegios. Tras años de disputas, e incluso de represión y condenas a muerte de muchos boyardos, Pedro I instituye el Senado, cuya misión era contrapesar a la Duma y acercar el poder a su persona. Por el contrario, la nobleza amplió sus deberes y derechos.

Igualmente, centraliza el poder dividiendo el país en 8 provincias (posteriormente serán 50) regidas por gobernadores. La reforma judicial le permite, mediante la Corte Suprema, absorber los diferentes tribunales inferiores repartidos por toda Rusia. La Iglesia ve también reducido su poder y su jerarquía se ve obligada a someterse al emperador. La reforma financiera, necesaria para los cambios que Pedro I se planteaba, se ve reforzada con nuevos impuestos y una renovación monetaria.

Rusia cimentaba su economía en la agricultura, por lo que el zar fomenta la llegada de artesanos cualificados extranjeros que se establecen en el país y enseñan su oficio. Promueve la creación de fábricas y la explotación de los recursos nacionales, como madera y minas de minerales. El problema de la mano de obra se solucionó de un modo muy sencillo: el zar obligó a pueblos enteros a abandonar el campo y a trabajar como obreros de estas fábricas, así como autorizó a los propietarios a comprar pueblos para ese mismo fin. Además, artesanos y fabricantes gozaban de privilegios fiscales. A los campesinos que, de un modo u otro, permanecieron en la agricultura se les dio la categoría de siervos.

Todo esto le permitió a Pedro I conseguir con mayor facilidad su principal objetivo: centralizar el poder en su persona. De esta forma el zar se convirtió en el Emperador de Rusia y se aseguró un poder autócrata.

Para mantener su proyecto de renovación, Pedro I ve inexcusable la creación de academias por todo el país: de matemáticas, de artillería, de ingeniería, de medicina, de navegación... También facilitó la fundación de escuelas para hijos de funcionarios e introdujo la obligatoriedad de la educación obligatoria para los nobles. Sin embargo, su plan para la aparición de escuelas para las clases más bajas no llegó a fructificar como deseaba.

Entre las aspiraciones de Pedro I se encontraba conseguir una salida para Rusia a Europa por mar. Esta idea maduró con la fundación de la nueva capital, San Petersburgo, que iba a simbolizar ese proceso de renovación y que, geográficamente, se encontraba más cerca de Europa. Sobre las tierras pantanosas, arrebatadas a los suecos el 4 de mayo de 1703, próximas al mar Báltico y que flanqueaban el delta del río Nevá, el zar puso la primera piedra el 27 del mismo mes. Su ideal era crear una ciudad de la nada inspirada en modelos europeos como Ámsterdam, París o Venecia. Pedro I invitó a trabajar en la ciudad a arquitectos europeos de renombre como Bartolomeo Rastrelli o Domenico Trezzini, que unieron sus fuerzas a arquitectos rusos como Mijaíl Zemtsov e Iván Michurin y supieron combinar la arquitectura que se hacía en Europa con la tradicional rusa. La ciudad comenzó a elevarse a velocidad vertiginosa. Para ello, prohibió a todos los arquitectos y albañiles rusos trabajar en otro lugar que no fuera San Petersburgo, y obligó a los siervos a prestar en ella sus servicios. En 1710 la ciudad ya mostraba su esplendor característico y en 1712 recibió la capitalidad de Rusia, traída allí desde Moscú. La *ventana a Europa*, como se conocía a San Petersburgo, se convirtió muy pronto en uno de los centros políticos, comerciales y culturales más importantes del mundo.

Pedro I quiso también influir en los usos y costumbres. Una de sus medidas más peculiares fue prohibir el uso de la barba, tan extendido en Rusia. Quien deseara llevarla, estaba obligado a pagar un impuesto. También se propuso introducir la vestimenta occidental y prohibió el matrimonio pactado. Reformó el calendario, para lo que en 1700 adoptó el calendario juliano europeo y eliminó el que se había utilizado en Rusia hasta entonces, el llamado calendario de la creación del mundo. Rusia pasó desde el año 7207 del calendario de la creación del mundo al año 1700 del calendario juliano.

Una de las reformas más significativas de Pedro I fue la modernización del ejército. Esto era esencial para soportar el sistema autocrático impuesto por el zar. Extinguió, no precisamente de manera pacífica, gran cantidad de antiguos cuerpos bélicos, como los *streltsý*. Comenzó el reclutamiento forzoso entre el campesinado, lo que hizo que el ejército contara con alrededor de 350.000 soldados, número nada desdeñable para la época. Militares extranjeros enseñaban en las academias de las principales ciudades rusas y pronto hubo una generación de mandos rusos con gran formación. Además, Pedro I reestructuró y reforzó la Armada, que pronto llegó a ser una de las más competentes del mundo. Rusia contaba, pues, con un ejército capaz de participar en la Gran Guerra del Norte, con la que extendió sus territorios hacia el oeste y acabó con la hegemonía sueca. Es en este violento periodo en el que se desarrolla nuestro poema, *Poltava*.

La Gran Guerra del Norte

Muchas de las reformas que lleva a cabo en un principio Pedro I están destinadas a recaudar fondos, reforzar el ejército y poder así enfrentarse a Suecia, su más cercano y poderoso enemigo. Suecia se había establecido como la potencia dominante en el norte de Europa y ponía en peligro la independencia y las aspiraciones de los países que compartían con ella el mar Báltico, cuya supremacía se disputaban. El Reino de Dinamarca y Noruega, la Mancomunidad de Polonia y Lituania, Sajonia y, finalmente, Rusia se unieron en coalición en 1700 para enfrentarse a las políticas expansionistas de Suecia y su rey, Carlos XII. Ese mismo año dio comienzo la Gran Guerra del Norte. Si bien durante la primera mitad de la guerra, la hegemonía la ostentó Suecia, a partir de su invasión fallida de Rusia en 1709, las victorias de la coalición se impusieron sobre los suecos. Suecia fue definitivamente derrotada en 1721 y la paz se firmó con el Tratado de Nystad. Rusia salió reforzada del conflicto y se erigió como una de las principales potencias mundiales.

Fue en enero de 1708 cuando los suecos, triunfantes en Polonia y Sajonia, decidieron iniciar la campaña contra Rusia. El 4 de julio, en su marcha hacia Moscú, el ejército sueco obtuvo en Holowczyn la que se convertiría en su última gran victoria. El 29 de septiembre los suecos sufrieron una gran derrota en la batalla de Lesnaia, en la que los rusos les obligaron a efectuar una dura retirada. Ante la llegada del invierno, Carlos XII ordenó a sus tropas dirigirse hacia la más cálida Ucrania. Allí, el atamán (o gobernador) Iván Mazepa le ofreció una alianza que el rey no dudó en aceptar y que se firmó el 28 de octubre. Mazepa deseaba así conseguir la independencia de Ucrania del Imperio Ruso y obtener además la corona del nuevo reino, que quedaría bajo la influencia de Suecia. Pero Mazepa no contaba con que gran parte de sus partidarios no aceptó traicionar al zar ruso. Cuando Carlos XII llegó a Ucrania, Mazepa no pudo aportar más que alrededor de unos 2000 hombres.

La batalla de Poltava

Animado por su victoria sobre los rusos en Narva, Carlos XII no cejaba en su deseo de conquistar Moscú. Con la idea de desgastar a un ejército enemigo que duplicaba numéricamente al suyo, el rey atacó puntos estratégicos rusos como la ciudad de Véprik, que le supuso una victoria pírrica. Carlos XII deseaba atraer a Pedro I a una batalla a campo abierto, donde consideraba inferior al ejército ruso, e infligirle así una derrota definitiva. Para ello sitió la ciudad de Poltava, cercana a donde se encontraba el campamento de Pedro I. El 8 de julio (27 de junio) de 1709, a las 4:00 de la mañana, el ejército sueco atacó las líneas rusas. Carlos XII, herido en una pierna en una incursión anterior a un campamento ruso, no pudo dirigir sus tropas, por lo que delegó el mando en los generales Rhenskiöld y Lewenhaupt. Las fuerzas rusas se impusieron rápidamente a las suecas. Las pobres comunicaciones entre las líneas suecas, su inferioridad numérica, las hábiles tácticas rusas, la feroz artillería del zar y la sólida formación de sus soldados inclinaron la balanza de la victoria hacia Rusia. La batalla de Poltava terminó alrededor de las 11:00 de la mañana. Siete horas de batalla que supusieron para Suecia el comienzo del final de su supremacía en Europa y de su futura y decisiva derrota en la guerra. Para Rusia significaron su irrupción como potencia en el panorama mundial.

De los 20.000 hombres con los que contaba el ejército sueco, 7000 murieron en la batalla y 3000 fueron hechos prisioneros. Posteriormente, en su huida, el resto de hombres fue apresado en Perevolochna el 11 de julio por el ejército ruso comandado por el general Ménshikov. Algunos prisioneros fueron deportados a Siberia, pero la mayor parte de ellos fue enviada a trabajar en la construcción de la futura capital de Rusia, San Petersburgo. A Carlos XII se le permitió huir junto con Mazepa y dos mil soldados a la ciudad moldava de Bender, entonces en poder del Imperio Otomano. Allí pasó cinco años, hasta que en 1714 Pedro I le permitió regresar a Suecia. En el lugar del campo de batalla se erigió en 1852 (aunque proyectada ya por Pedro I) la iglesia de San Sansón de Constantinopla, que acogió los cuerpos de los soldados rusos caídos en la batalla y sirvió para conmemorar la victoria. La consagración de la iglesia a San Sansón se debe a que el día que tuvo lugar de la batalla, el 27 de junio del calendario juliano, es cuando se celebra la onomástica de este santo.

Poltavas y Mazepas

Al igual que la práctica totalidad de la obra de Pushkin, *Poltava* también inspiró a otros artistas, incluso de diferentes disciplinas artísticas. Antes de la publicación del poema pushkiniano, la figura del cosaco rebelde ya había inspirado a multitud de escritores. Lord Byron escribe un poema en 1818 titulado *Mazeppa* en el que reelabora una leyenda sobre la juventud del protagonista. Ésta leyenda cuenta que Mazepa, mientras sirve en Polonia en la corte del conde Falbowski, mantiene en secreto un romance con su esposa. El noble descubre ese amor y ordena que Mazepa sea atado desnudo a un caballo y enviado solo de vuelta a Ucrania. Tras un viaje en el que casi pierde la vida, Mazepa llega a

Ucrania. Allí es rescatado por sus cosacos y elegido atamán. No se han encontrado pruebas que apoyen la autenticidad de esta historia, más allá de que un joven Mazepa de veinte años sirvió en la corte del rey Juan II Casimiro Vasa en Polonia. A la popularización de esta leyenda sumaron sus esfuerzos, además de Lord Byron, el escritor ruso Kondrati Ryléyev (1795-1826), que compone *dumas* tradicionales ucranianas y ensalza el carácter rebelde de Mazepa, tal vez de una manera no muy historicista pero sí acorde con sus ideas decembristas. También el escritor francés Victor Hugo con el poema *Los orientales* (1829), el escritor polaco Juliusz Słowacki con el drama *Mazepa* (1840), y el compositor húngaro Ferenc Liszt con el poema sinfónico *Mazeppa* (1851). El escritor ucraniano Tarás Shevchenko (1814-1861) tampoco rechaza la ocasión de escribir sobre el personaje de Mazepa y lo hace en numerosos poemas en los que alaba su figura como héroe de la independencia ucraniana. El escritor ucraniano Bogdán Lepki (1872-1941) escribió una serie de cinco novelas históricas sobre el cosaco con el título general de *Mazepa*, y que recoge *Motria* (1926), *No matarás* (1926), *Baturin* (1927), *Poltava* (1928) y *De Poltava a Bender* (publicada póstumamente en 1955).

La pintura también es permeable al personaje de Mazepa. El pintor francés Horace Vernet (1789-1863) pinta dos versiones de Mazepa atado al caballo. En *Mazepa* (década de los 20), inspirado en Byron, lo vemos vadeando un río. En *Mazepa y los lobos* (1826) el cosaco cabalga por un monte perseguido por lobos. El también francés Théodore Géricault (1791-1824) pinta en *Mazepa* (c. 1820), igualmente inspirado en Byron, al cosaco atado a su caballo, en una imagen que recuerda al primero de los cuadros de Vernet. Otro francés, el romántico Louis Boulanger (1806-1867), pinta en 1827 el cuadro *El suplicio de Mazepa.* En él, Mazepa es atado desnudo al caballo bajo la atenta mirada de Falbowski. Y es de nuevo un francés, Théodore Chassériau (1819-1856), quien pinta *Joven cosaca ante el cuerpo de Mazepa* en 1851. En él observamos cómo una joven pide ayuda ante el cuerpo desnudo de Mazepa, que yace aún atado sobre el cadáver de su caballo. Del sueco Gustav Olof Cederström (1845-1933) es el lienzo *Carlos XII e Iván Mazepa tras la batalla de Poltava,* en el que el cosaco consuela a un rey herido recostado en el suelo.

Contamos, además, con numerosos retratos de Mazepa (todos ellos hipotéticos). Muchos son de autor desconocido, como el conservado en la catedral de la Asunción del Monasterio de las Cuevas de Kiev, del siglo XVIII. O el grabado en color también del siglo XVIII que muestra a un oscuro Mazepa de rojo y negro; o el fechado en 1905, con armadura, capa y banda. El alemán Daniel Beyel (1760-1823) lo retrata en un grabado de la primera mitad del siglo XVIII titulado *Iván Mazepa, jefe supremo de los cosacos zapórogo,* donde luce armadura y empuña la *bulavá* con mirada severa. El pintor ucraniano Ósip Kirulás (1870-1951) realizó un *Retrato de Iván Mazepa* en 1909. En él nos muestra un protagonista en actitud provocadora y de mirada altiva, que queda acentuada por el tono rojizo del gorro y la capa de piel sobre una camisa azul.

La compositora francesa Clémence de Grandval (1828-1907) compone *Mazeppa,* ópera estrenada en el Grand

Théâtre de Bordeaux el 24 de abril de 1892, inspirada en la figura histórica aunque con ciertas reminiscencias pushkinianas. Los autores del libreto son Charles Grandmougin (1850-1930) y Georges Hartmann (1843-1900).

En el poema de Byron se inspira lejanamente la película *Mazeppa* (1993), del director francés Bartabas. En ella se cuenta cómo el pintor Théodore Géricault, fascinado por la leyenda del atamán cosaco, conoce a Antonio Franconi, director del circo ecuestre Cirque Olympique, y rápidamente le propone reproducir en uno de sus números la fatal cabalgada de Mazepa desnudo atado sobre su caballo. Entre los actores están el propio Bartabas, Miguel Bosé, Brigitte Marty, Eva Schakmundes, Fatima Aibout y Bakary Sangaré.

Poltava de Pushkin inspira ya directamente al compositor Piotr Chaikovski (1840-1893) la ópera en tres actos *Mazepa*. El autor del libreto fue el dramaturgo Víktor Burenin (1841-1926), que introdujo algunas variaciones con respecto al original, como por ejemplo la aparición de un nuevo personaje, Andréi, un joven cosaco enamorado de María. Chaikovski retocó una y otra vez el libreto y añadió un texto de Vasili Kandaúrov para el aria de Mazepa del acto II, «O, María!», con seguridad la pieza más conocida de la ópera. Aunque la obra fue concebida con el título de *Poltava*, el compositor decidió cambiarlo por el de *Mazepa* poco tiempo antes de entregarla al editor, al igual que le sucediera a Pushkin. La ópera fue estrenada el 15 (3) de febrero de 1884 en el Teatro Bolshói de Moscú dirigida por Ippolit Altani (1846-1919). Los papeles principales fueron interpretados por Bogomir Korsov (Mazepa),

Emilia Pavlóvskaia (María), Pável Borísov (Kochubéi), Alexandra Krútikova (Liubov) y Dmitri Usátov (Andréi). Antón Bartsal fue el director de escena, Matvéi Shishkov y Mijaíl Bocharov los escenógrafos y Lev Ivánov firmó la coreografía. De esta ópera destacamos dos grabaciones. La primera, de 1982, está dirigida por Fuat Masúrov e interpretada por Vladímir Valaitis, Tamara Miláshkina, Yevgueni Nesterenko, Irina Arjípova y Vladislav Piavkó. El coro y la orquesta son los titulares del Teatro Bolshói de Moscú. La segunda grabación, de 1996, está dirigida por Valeri Guérguiev y cuenta con las voces de Nikolái Putilin, María Loskutova, Serguéi Alexashkin, Larisa Diádkova y Víktor Lutsiuk. La orquesta y el coro son los del Teatro Mariinski de San Petersburgo y está disponible en audio y en vídeo.

Aunque la más conocida, la de Chaikovski no es la primera ópera escrita sobre la *Poltava* de Pushkin. En 1859 se estrenó en el Teatro Bolshói de San Petersburgo *Mazepa*, del compositor Borís Fitinhof-Schell (1829-1901). Karl Davýdov (1838-1889) comenzó a componer en 1875 una ópera sobre el poema de Pushkin, pero no llegó a terminarla y abandonó su escritura al año siguiente.

Durante la época soviética tuvieron lugar numerosas lecturas y adaptaciones radiofónicas. Entre las primeras encontramos la realizada en 1960 por el gran actor y director de teatro Vsévolod Axiónov. Las adaptaciones para la radio cuentan con las excelentes versiones de 1947, con las voces de los actores Mijaíl Lébedev, Borís Olenin, Yelena Koróvina, Borís Necháiev, Yevdokia Turchanínova y Grigori Kiríllov, acompañados por la música del compositor Vissarión Shebalín. De 1981 es la interpretada por Alexéi Konsovski, Vladímir Samóilov, Leonid Márkov, Irina Akúlova, Nina Arjípova y Argui Augshkap, dirigidos por Vera Dubóvskaia.

En el cine disponemos de una rareza, el cortometraje mudo de 1909 *Mazepa*, realizado a partir del texto de Pushkin y de la ópera de Chaikovski. Fue dirigido por Vasili Goncharov, que en 1911 realizará igualmente la película *Yevgueni Oneguin*.

Dedico la traducción de estos *Poemas narrativos* de Alexandr Pushkin a mi querida amiga Mabel Greta Velis Blinova, filóloga, traductora y profesora, que partió poco antes de que este trabajo comenzara. Gracias eternas, Mabel…

Manuel Ángel Chica Benayas
Marzo de 2021

LA FUENTE DE BAJCHISARÁI
(1823)

LA FUENTE DE BAJCHISARÁI

Muchos, como yo,
visitaron esta fuente. Pero
unos ya no están, otros
vagan lejos.

SAADI[1]

Giray[2] estaba sentado con la mirada fija en el suelo.
Una pipa de ámbar humeaba entre sus labios.
La corte, sumisa, rodeaba a su terrible kan
sin atreverse a pronunciar palabra.
En el palacio todo estaba en silencio.
Todos le veneraban y leían

---

[1] Musharrif ibn Muslih Saadi (1213-1292): poeta persa. Su obra, cuya influencia en la poesía oriental llega hasta el día de hoy, destila una humanidad y una tolerancia pocas veces halladas antes de él. Fue el primer poeta oriental leído y apreciado fuera de su país. Sus obras más emblemáticas son *El jardín de las frutas* (*Bustán*; 1257) y *El jardín de las rosas* (*Golestán*; 1258). El epígrafe que abre *La fuente de Bajchisarái* pertenece a la primera obra. Pushkin también cita este fragmento, junto a su autor, en la última estrofa (la LI del capítulo octavo) de *Yevgueni Oneguin*. Pushkin se refiere con él a los decembristas que el zar asesinó o envió al exilio.

[2] Karim Giray (1717-1769): kan del Kanato de Crimea entre 1758 y 1764 y más tarde entre 1768 y 1769. Sus reinados se distinguen por su belicosidad hacia Rusia, contra la que firmó alianzas con Polonia-Lituania y el imperio otomano. Por otra parte hizo florecer la cultura y el arte en Crimea.

señales de ira y tristeza
en su rostro sombrío.
Entonces el arrogante soberano
agitó la mano impaciente
y todos se inclinaron y salieron.

El kan quedó solo en sus aposentos.
Su pecho respiró con mayor libertad
y su frente severa expresó
con más viveza la agitación de su corazón.
De igual manera el cristal vacilante
del mar refleja las nubes tempestuosas.

¿Qué era lo que se movía en su alma orgullosa?
¿Qué pensamiento le ocupaba?
¿Marchar sobre Rusia en son de guerra?
¿Extender su ley a Polonia?
¿Acaso ardía la venganza en su sangre?
¿Había descubierto una conjura en su ejército?
¿Le preocupaban los pueblos de las montañas
o las intrigas de la astuta Génova?

No, el kan se aburría con la gloria guerrera.
Su mano terrible se mostraba cansada.
La guerra estaba lejos de su pensamiento.

¿O tal vez la traición había entrado
en su harén por la senda del delito
y una de las hija de la esclavitud, los placeres y el cautiverio
había entregado su corazón a un infiel?

No, las temerosas mujeres de Giray
no se atrevían ni a pensarlo ni a desearlo
y florecían en solitario silencio.
Bajo una guardia vigilante e inflexible
y en el seno de un hastío desolador,
las esposas no conocían las traiciones.
Su belleza permanecía oculta
en las sombras protectoras de la mazmorra.
Así vivían las flores de Arabia
tras los cristales del invernadero.
La triste sucesión
de días, meses y años pasaba
imperceptible y arrastraba
tras de sí amor y juventud.
Cada día era igual a los demás
y lento el transcurso de las horas.
La pereza regía la vida en el harén
y raramente brillaba deleite alguno.
Las jóvenes esposas ansiaban
engañar de algún modo su corazón
y se cambiaban con frecuencia los lujosos vestidos,
jugaban, conversaban
o paseaban en breve enjambre
junto al murmullo de las aguas que fluían,
cerca de su corriente cristalina,
al frescor de los frondosos sicomoros.
Con ellas caminaba un malvado eunuco,
por lo que les resultaba imposible escapar.
Su mirada celosa y su oído
las seguían a todas por doquier,

pues con diligencia desempeñaba
su eterna labor. La voluntad del kan
era su única ley.
Los sagrados preceptos del Corán
no los observaba de modo más severo.
Su alma no pedía amor.
Como una estatua soportaba
burlas, odio, reproches,
la ofensa de una broma indecente,
desprecio, súplicas, miradas curiosas,
risas calladas y tímidas murmuraciones.
Bien conocía los usos femeninos.
El eunuco lucía su astucia
dentro y fuera del harén.
Las miradas tiernas, el reproche mudo de las lágrimas
no tenían poder sobre su alma:
ya no tenía ninguna fe en ellas.

Cuando las jóvenes cautivas
peinaban sus suaves cabellos;
cuando se bañaban en las horas de calor
y las aguas del manantial corrían
sobre su mágica belleza
para diversión del fiel guardián,
él estaba allí y observaba indiferente
el enjambre desnudo de hechiceras.
El eunuco paseaba a la noche
por el harén con pasos inaudibles.
Se deslizaba sigiloso sobre las alfombras,
se colaba por las puertas silenciosas

y caminaba de cama en cama.
Eternamente atento, vigilaba
el sueño suntuoso de las esposas del kan
y escuchaba a hurtadillas sus murmullos nocturnos.
Una respiración, un suspiro, el menor estremecimiento…
En todo reparaba con avidez:
el llanto de esta, quién pronunciaba
entre sueños el nombre de otro
o quién confiaba a la amiga benevolente
sus sueños eróticos.

¿Por qué la tristeza llenaba los pensamientos de Giray?
El chibuquí se le había apagado en las manos.
El eunuco, que permanecía inmóvil y no se atrevía
ni a respirar, esperaba junto a la puerta una señal.
El soberano se levantó pensativo.
Las puertas se abrieron a su paso y en silencio entró
a la estancia prohibida
de las esposas amadas desde hacía poco.

Ellas esperaban despreocupadas al kan
y se sentaban en animada multitud
alrededor de una fuente juguetona
sobre alfombras de seda.
Con alegría infantil observaban
entre las claras aguas un pez
que nadaba por el fondo de mármol.
Algunas dejaban caer intencionadamente
a lo hondo, sobre el pez, anillos dorados.
Entonces sirvieron a las cautivas

un aromático *sharbat*[3]
y todo el harén comenzó al momento
a cantar una sonora y grata canción.

CANCIÓN TÁRTARA

I

Si el cielo librara al hombre
de las lágrimas y los continuos dolores,
dichoso sería el faquir al divisar La Meca
en los tristes años de su vejez.

II

Bienaventurado quien bendiga las gloriosas orillas
del Danubio con su muerte.
Una doncella del paraíso volará
a su encuentro con ardiente sonrisa.

III

Pero más dichoso será quien, oh, Zarema,
enamorado del mundo y sus placeres,
te acaricie a ti, querida,
como a una rosa en el harén silencioso.

---

[3] Bebida muy popular en oriente medio que se consigue mezclando un sirope de diversos sabores (los más frecuentes son limón, naranja, rosa, hibisco o sándalo) con hielo u, originariamente, nieve.

Cantan. Pero ¿dónde estaba Zarema,
astro del amor, ornato del harén?
¡Ay! Pálida y triste,
no escuchaba los halagos.
Cual palmera quebrada por la tormenta,
agachaba su joven cabeza.
Nada, nada le agradaba:
Giray ya no amaba a Zarema.

¡La había traicionado!... Pero ¿quién podía
compararse, georgiana, con tu belleza?
Tu trenza rodeaba dos veces
tu frente nívea.
Tus ojos cautivos
eran más luminosos que el día y más negros que la noche.
¿Qué voz podría expresar con más fuerza
el ímpetu de tan fogosos deseos?
¿Qué beso podría ser más apasionado,
más vivo, que el de tus labios mordaces?
¿Qué corazón lleno de ti
podría latir por otra belleza?
Pues, indiferente y cruel,
Giray despreció tu belleza
y desde entonces pasaba las frías horas
de la noche doliente y solo
como la princesa polaca
encerrada en su harén.

Hacía poco que la joven María
contemplaba aún los cielos extranjeros.
Hacía poco que su belleza

florecía en su tierra natal.
Su anciano padre se enorgullecía de ella
y la consideraba su único consuelo.
La jovial voluntad de su hija
era la única ley para el anciano.
Este se preocupaba
de que la suerte de su amada hija
fuera luminosa como un día de primavera;
de que efímeras tristezas
no oscurecieran su alma;
de que cuando se casara
recordara con ternura
su niñez, los años de los juegos
pasados como un breve sueño.
Toda ella era cautivadora: su carácter dulce,
sus movimientos vivos y esbeltos
y sus ojos de color azul oscuro.
Aquellos dones de la naturaleza
ella los embellecía con arte.
Animaba los banquetes del hogar
con la magia de su arpa.
Una multitud de cortesanos y ricachones
ansiaban la mano de María,
y muchos jóvenes sufrían
en secreto por ella.
Pero su corazón silencioso
aún no conocía el amor
y María dedicaba su tiempo de ocio
en el castillo del padre
solo a divertirse con amigas.

¿Hacía mucho? ¡Y qué importaba!
Una riada de tártaros inundó Polonia.
El fuego no se propaga por la cosecha
con tan horrible rapidez.
La gente abandonó ese próspero país
destruido por la guerra.
Desaparecieron las pacíficas diversiones.
Tristes permanecían aldeas y robledales
y el majestuoso castillo se despobló.
En silencio quedaron los aposentos de María…
En la capilla del castillo donde
las reliquias dormían su frío sueño
se alzaba, con corona y blasón principesco,
una nueva tumba…
El padre descansaba en ella y la hija estaba ya prisionera.
Un codicioso usurpador gobernaba el castillo
y con pesado yugo deshonraba
el desolado país.

¡Ay! El palacio de Bajchisarái
retenía a la joven princesa.
Marchita en silencioso cautiverio,
María estaba triste y lloraba.
Giray se compadecía de la desdichada.
Su tristeza, sus lágrimas, sus sollozos
turbaban el sueño ligero del kan,
que para ella suaviza
las estrictas normas del harén.
El huraño guardián de las esposas del soberano
no molestaba a María ni de día ni de noche.

No la llevaba
con diligente mano al lecho del sueño
ni se atrevía a dirigirle
la ofensiva mirada de sus ojos.
María iba a los baños privados
sola con su esclava.
El mismísimo kan temía perturbar
la triste quietud de la doncella cautiva.
A María le permitían vivir
en una apartada habitación del harén.
Mas parece que en tal soledad
ningún ser terrenal puede esconderse.
Día y noche ardía una lámpara
ante la imagen de la Santa Virgen.
La esperanza, consuelo de su alma atormentada,
convivía allí en armonía
con su resignada fe,
y todo le recordaba al corazón
un lugar cercano y más hermoso...
Allí la doncella vertía lágrimas
lejos sus envidiosas amigas.
Y así, mientras todo alrededor
se ahogaba entre goces imprudentes,
este rincón salvado por un milagro
ocultaba un humilde santuario.
De esta forma el corazón, víctima de extravíos,
guardaba junto a depravados placeres
una prenda sagrada,
un sentimiento divino...

* * *

Llegó la noche. Los campos
de la dulce Táuride[4] se cubrieron de sombras.
En la lejanía, bajo la copa serena de los laureles,
escucho el canto del ruiseñor.
Tras un coro de estrellas la luna asomaba,
que desde el cielo sin nubes
derramaba su lánguido fulgor
sobre valles, colinas y bosques.
Cubiertas con un velo blanco,
como tenues sombras centelleantes,
las esposas de los crédulos tártaros
corrían por las calles de Bajchisarái
de casa en casa, una tras otra,
a compartir su ocio nocturno.
El palacio estaba en silencio. El harén se durmió
envuelto en un apacible letargo.
Nada interrumpía la quietud
de la noche. El eunuco,
fiel guardián, vigilaba el lugar.
Ya dormía. Pero un temor constante
inquietaba su alma aletargada.
El peligro de continuas traiciones
no confería la paz a su espíritu.
Ya le sorprendían un susurro,
un murmullo o unos gritos.

---

[4] Nombre de Crimea durante la antigüedad clásica. Esta antigua denominación se recuperó entre 1802 (cuando el kanato de Crimea se incorporó al imperio ruso) y 1921.

Engañado por un falso rumor,
el eunuco se despertó, tembló
asustado y aguzó el oído…
Pero alrededor todo permanecía en silencio.
Unas fuentes melodiosas
manaban desde su marmórea celda,
e, inseparables de su rosa amada,
cantaban los ruiseñores[5] en la oscuridad.
El eunuco aún los escuchó largo rato
y de nuevo el sueño le atrapó.

¡Qué hermosos los oscuros encantos
de las noches del oriente exuberante!
¡Qué dulces fluyen sus horas
para los seguidores del Profeta!
Qué placeres esconden sus casas,
sus fascinantes jardines,
la calma de los seguros harenes,
donde, bajo el influjo de la luna,
¡todo son misterios, armonía,
y suspiros apasionados!

* * *

Todas las mujeres dormían. Solo una velaba.
Sin apenas respirar, se levantó.

---

[5] La rosa y el ruiseñor es una imagen muy frecuente de la poesía oriental. El ave representa al amante y la flor a la amada. La imagen ha sido adoptada con asiduidad por la literatura occidental con bastante éxito: a este propósito podemos recordar el cuento de Oscar Wilde *El ruiseñor y la rosa*, publicado en 1888.

Caminó unos pasos, abrió la puerta
con nerviosa mano y se adentró
en las tinieblas de la noche con rápidos pasos...
El viejo eunuco yacía ante ella
sumido en un sopor inquieto y temeroso.
¡Ah, el corazón de Zarema era implacable!
Turbando aquel pacífico sueño,
la mujer pasó a su lado cual fantasma.

* * *

Una puerta le cerraba el camino.
Su mano temblorosa
giró la llave fiel...
Entró y miró sorprendida...
Un terror secreto la atravesó.
Allí vio la exigua luz de una lámpara,
una imagen tristemente iluminada,
el dulce rostro de una púdica doncella
y una cruz, símbolo del amor sagrado.
¡Mi amada georgiana! Algo bondadoso
despertó en tu alma
y habló de pronto
con los sonidos incomprensibles de los días pasados.
Ante ella se encontraba la princesa.
Las mejillas de Zarema revivieron
con el ardor de un sueño virginal.
Una lánguida sonrisa las iluminó
y afloró la húmeda huella de las lágrimas.
Así la luz de la luna enciende

con la lluvia la flor cargada de gotas.
Aquella hija del paraíso arrojada de los cielos
parecía un ángel que dormía
y, soñoliento, derramaba lágrimas
por la pobre prisionera del harén…
¡Ay, Zarema! ¿Qué te ocurre?
La tristeza le oprimía el pecho,
las rodillas se le doblaron sin querer
e imploraba: «Ten compasión de mí,
¡no desoigas mis oraciones!…».
Sus palabras, movimientos y gemidos
interrumpieron el sueño apacible de la doncella.
La princesa, asustada, vio
ante ella a la joven desconocida.
Confusa, la levantó
con trémula mano y le preguntó:
«¿Quién eres? ¿Qué haces aquí,
sola y de noche?». —«He venido a verte.
Sálvame. A mi destino
solo le queda una esperanza…
Durante mucho tiempo gocé de la alegría
y fui cada día más feliz…
Pero la sombra de la dicha ya pasó.
Me muero. Escúchame.

Yo no nací aquí, sino lejos,
muy lejos… Pero los recuerdos
de los tiempos pasados han quedado
grabados hasta ahora con fuerza en mi memoria.
Recuerdo montañas tan altas como el cielo,

cálidos arroyos en los montes,
impenetrables robledales…
Otra ley, otras costumbres.
Por qué suerte, por qué razón
abandoné mi tierra natal,
lo desconozco. Solo recuerdo el mar
y un hombre en lo alto
de las velas… El miedo y la desgracia
me resultaban ajenos hasta entonces.
Florecí en el pacífico silencio
de las sombras del harén
y mi corazón obediente aguardó
las primeras experiencias amorosas.
Mis deseos secretos se hicieron realidad.
Giray abandonó las guerras sangrientas
por los placeres mundanos.
Puso fin a las terribles incursiones
y se ocupó de nuevo de su harén.
Las esposas nos presentamos ante el kan
presas de una vaga esperanza. El kan, en silencio,
detuvo su mirada luminosa sobre mí,
me llamó… Y desde entonces
los dos respiramos felicidad
en un éxtasis interminable. Y ni una vez
nos golpeó la calumnia,
ni la desconfianza, ni el hastío,
ni el atroz tormento de los celos.
María, entonces apareciste tú…
¡Ay! ¡En aquel instante un perverso
pensamiento oscureció su alma!

Giray comenzó a respirar traición
y ya no escuchaba mis reproches.
Los gemidos de mi corazón le aburrían.
Ya no encontraba ni sus anteriores sentimientos
ni entablaba conversación alguna conmigo.
Tú no eres culpable de este delito.
Lo sé, no es tu culpa…
Así pues, escúchame. Yo soy muy bella.
De todo el harén solo tú
podrías ponerme en peligro.
Pero yo he nacido para la pasión
y tú no puedes amar como yo.
¿Por qué perturbas, pues,
su corazón inconstante con tu fría belleza?
Déjame a Giray para mí: es mío.
Sus besos me queman.
Giray me hizo grandes promesas
y hace mucho que unió todos sus pensamientos,
todos sus deseos a los míos.
Su traición me matará…
Lloro. ¿Lo ves? Ahora
me arrodillo ante ti, te suplico
y no soy capaz de culparte.
Devuélveme la paz y la felicidad.
Devuélveme al Giray de antes…
No me lo niegues.
Giray es mío, pero está ciego por ti.
Por desprecio, por pena, por compasión,
por lo que quieras, mas devuélvemelo.
Maldíceme… Entre las demás cautivas del kan

olvidé por el Corán mi antigua fe,
pues la fe de mi madre
era la misma que la tuya.
Maldíceme entonces por ello
cuando devuelvas Giray a Zarema...
Pero, escúchame: si yo te
tengo que... Sé manejar un puñal.
He nacido en el Cáucaso».

Dicho esto, desapareció. La princesa
no se atrevió a ir tras ella.
La inocente doncella no comprendía
la lengua de las pasiones atormentadas,
pero su voz le resultó vagamente inteligible,
extraña, terrorífica.
¿Qué lágrimas y oraciones
la salvarían de la humillación?
¿Qué la esperaba? ¿Podría de veras
pasar el resto de sus amargos días
de juventud como una concubina despreciada?
¡Oh, Dios! ¡Ojalá Giray
olvidara para siempre a la infeliz
en una lejana mazmorra!
¡O que una muerte temprana
pusiera fin a los tristes días de la joven!
¡Con qué dicha abandonaría
María este trágico mundo!
Los momentos gozosos de su vida
hacía mucho que se fueron, ¡que no existían!
¿Qué podía hacer ella en este orbe desértico?

Sonó ya su hora. Esperaban a María
en los cielos, en el seno de la tierra,
y la llamaban con entrañable sonrisa.

* * *

Pasaron los días. María ya no está.
La huérfana falleció al poco.
Como un nuevo ángel iluminó
su siempre amado mundo.
Pero ¿qué la llevó a la tumba?
¿La pena por una esclavitud sin esperanza?
¿Una enfermedad? ¿O cualquier otro mal?…
Quién lo sabe. ¡La dulce María ya no está!
El lúgubre palacio quedó deshabitado.
Giray lo abandonó de nuevo
y otra vez llevó con multitud de tártaros
sus crueles incursiones a países lejanos.
De nuevo corría sombrío y sediento de sangre
en medio de aquellas tormentas de guerra.
Pero en el corazón del kan se escondía
la llama funesta de otros sentimientos.
Con frecuencia levantaba su sable
en fatales batallas y quedaba
de pronto inmóvil,
observaba imprudente alrededor,
palidecía presa del pánico,
murmuraba unas palabras y en ocasiones
derramaba un río de lágrimas ardientes.

Olvidado y despreciado,
el harén no gozaba de su persona.
Allí, condenadas al tormento,
envejecían las mujeres bajo la mirada
del implacable eunuco. Desde hacía tiempo
la georgiana no se encontraba ya entre ellas.
Los guardianes mudos del harén arrojaron
a Zarema a las aguas de una ciénaga.
Sus sufrimientos terminaron
la misma noche que murió la princesa.
Cualquiera que fuese la culpa,
¡terrible fue también el castigo!

Tras devastar con el fuego de la guerra
las tierras cercanas del Cáucaso
y las pacíficas aldeas de Rusia,
el kan regresó a Táuride
y erigió en cierto lugar del palacio
una solitaria fuente de mármol
en recuerdo de la desdichada María.
En lo alto, una cruz se alzaba
sobre la media luna mahometana
(símbolo insolente sin duda,
triste fruto de la ignorancia).
Allí existe una inscripción que los ásperos años
aún no han conseguido borrar.
Entre sus formas prodigiosas
murmura el agua sobre el mármol
y resbala formando frías lágrimas
que no guardarán silencio jamás.

Así la madre llora días enteros de tristeza
por su hijo caído en la batalla.
Las jóvenes muchachas del país
conocían esta antigua leyenda
y llamaban al sombrío monumento
la Fuente de las Lágrimas.

Cuando abandoné por fin el norte
y olvidé los festines por largo tiempo,
visité el palacio de Bajchisarái,
dormido en el olvido.
Allí vagué por silenciosas galerías.
Allí, donde, azote de los pueblos,
el violento tártaro festejó
y donde, tras el horror de las incursiones,
se zambullía en suntuosa ociosidad.
Aún a día de hoy se respira placer
en las habitaciones vacías y en los jardines.
Centellean las aguas, florecen las rosas,
serpentean las parras cargadas de uvas
y brilla el oro en los muros.
Allí vi las decrépitas rejas
tras las cuales las mujeres,
en plena juventud, contaban las cuentas
de sus rosarios de ámbar y suspiraban calladas.
Allí vi el cementerio de los kanes,
última morada de aquellos soberanos.
Me pareció que sus estelas sepulcrales,
coronadas por un turbante de mármol,
anunciaban con voz clara

el legado del destino.
¿Dónde se ocultaban los kanes? ¿Dónde el harén?
Todo estaba en silencio alrededor, todo sombrío,
todo diferente... Pero el corazón
se llenaba entonces de algo diferente.
El efluvio de las rosas, el murmullo de las fuentes
conducían a un abandono involuntario
y el espíritu se entregaba instintivo
a una turbación inexplicable.
¡Incluso la sombra de una doncella
pasó fugaz ante mí en el palacio!...

* * *

¿De quién era la sombra, ¡oh, amigos!, que vi?
Decidme: ¿de quién era la dulce imagen
que allí me persiguió,
irresistible, inevitable?
¿Acaso se me apareció
el alma pura de María? ¿O tal vez
fue Zarema quien voló, presa de los celos,
por el harén abandonado?

Recuerdo una entrañable mirada
y una belleza asimismo terrenal...
Todos los pensamientos de mi corazón vuelan a ella
y la añoro en el destierro...
¡Basta! ¡Insensato! ¡Detente!
No reavives la vana melancolía,
pues ya rendiste tributo a los ardientes sueños
de un amor desdichado.

Vuelve en ti. ¿Cuánto hace, lánguido prisionero,
que besas tus cadenas
y pregonas tu locura
por el mundo con lira indiscreta?

Adorador de las musas y la paz,
olvida la gloria y el amor.
¡Oh, pronto os veré de nuevo,
alegres orillas del Salguir[6]!
Iré a las laderas de vuestras montañas,
cerca del mar, llenas de recuerdos secretos,
y otra vez las olas de Táuride
alegrarán mi sedienta mirada.
¡Mágica tierra! ¡Placer para la vista!
Todo está vivo allí: las colinas, los bosques,
el ámbar y el rubí de las uvas,
la belleza acogedora de los valles
y la frescura de los álamos y los arroyos…
Todo seduce los sentidos del viajero
cuando, en las serenas horas matutinas,
su viejo caballo corre
por un desfiladero en las montañas
y el húmedo verdor
resplandece ante sus ojos y susurra
en las rocas del Ayu-Dag[7]…

FIN DE LA FUENTE DE BAJCHISARÁI

---

[6] Río principal de Crimea. Nace en el macizo del Chatyr-Dag y desemboca en el mar de Azov después de recorrer 232 kilómetros.

[7] Monte próximo a la costa sur de Crimea, la bañada por el mar Negro. Su nombre significa en tártaro «Montaña del Oso».

LOS GITANOS
(1824)

LOS GITANOS

Los gitanos recorren Besarabia[8]
en ruidosa multitud.
Hoy pasan la noche junto al río
en sus tiendas andrajosas.
El campamento es alegre como la libertad
y sereno el sueño bajo los cielos.
En el centro del círculo de carros,
medio cubiertos de alfombras,
arde un fuego. Alrededor la familia
prepara la cena. A campo abierto
pastan los caballos. Detrás de una tienda
un oso amaestrado descansa a su voluntad.
Todo es alegría en medio de las estepas:
los quehaceres tranquilos de las familias,
puestas en corto camino desde la mañana,
las canciones de las mujeres y los gritos de los niños
y el sonido de un pequeño yunque.
Pero entonces sobre el campamento ambulante
se hace el silencio del sueño,
y solo se oye en la paz esteparia

---

[8] Región de Europa del este que ocupa la práctica totalidad de la Moldavia moderna (menos la región de Transnitria) y parte de Ucrania (región de Budhak).

el ladrido de los perros y el relincho de los caballos.
Por todas partes se apagan los fuegos.
Todo está en calma. Sola brilla
la luna en lo alto del cielo
y el campamento relumbra en reposo.
Un anciano queda despierto en su tienda.
Sentado frente a los carbones,
se calienta con su último fulgor
y contempla el campo a lo lejos,
cubierto por las nieblas de la noche.
Su hija menor
ha salido a pasear por el campo desierto.
Está acostumbrada a hacer su santa voluntad.
Volverá. Pero ya es de noche,
y pronto la luna abandonará
las nubes de los cielos lejanos.
Zemfira aún no ha llegado. Y se enfría
la pobre cena del viejo.

Ya está aquí. Por la estepa
camina tras ella un joven.
El gitano no puede aún verle.
«Padre mío —dice la muchacha—,
he traído un invitado. Le he encontrado
solo detrás de un cerro
y le he ofrecido pasar esta noche en el campamento.
Desearía ser gitano como nosotros.
La ley le persigue,
mas yo seré su amiga por siempre.
Se llama Aleko. Está dispuesto
a ir conmigo a todas partes».

ANCIANO: Me complace. Permanece hasta mañana
bajo el techo de nuestra tienda
o quédate con nosotros todo el tiempo
que quieras. Estoy preparado
para compartir contigo el pan y la sangre.
Sé uno de los nuestros. Acostúmbrate a nuestra vida,
a nuestra errante pobreza y a nuestra libertad.
Mañana saldremos
en una carreta al amanecer.
Toma el oficio que quieras:
forja el hierro o canta canciones
y recorre con el oso los pueblos.

ALEKO: Me quedaré.

ZEMFIRA: Mío será.
¿Quién lo separará de mí?
Pero es tarde… La luna creciente
se ha puesto. La niebla cubre los campos
y el sueño me vence…

* * *

Amanece. El anciano se acerca con cuidado
a la tienda aún en silencio.
«Levanta, Zemfira, el sol ha salido.
¡Despierta, amable invitado! ¡Ya es hora! ¡Ya es hora!
¡Dejad, hijos mío, el lecho del placer!…».
Y la gente apareció ruidosa.
Las tiendas se desmontan. Las carretas

están preparadas para echarse al camino.
Todos emprenden a un tiempo la marcha
y la multitud se encamina a las llanuras desiertas.
Los burros llevan en cestas
en sus lomos a niños que juegan.
Maridos y hermanos, esposas e hijas,
viejos y jóvenes van unos detrás de los otros.
Gritos, bullicio, canciones gitanas,
gruñidos de oso, el tintineo
agitado de sus cadenas,
la colorida mezcla de harapos,
la desnudez de los niños y los ancianos,
ladridos y aullidos de perro,
el estruendo de la cornamusa, el chirrido de los
carromatos…
Todo es humilde, salvaje, todo en desorden,
pero todo tan vivo y vibrante,
tan ajeno a nuestras mortecinas diversiones,
¡tan extraño a esta vida ociosa,
como el canto monótono de los esclavos!

* * *

Triste contempla el joven Aleko
la llanura desierta.
No se atreve a comprender
la causa secreta de su amargura.
Con él va Zemfira, la de los ojos negros,
y ya es un habitante libre del mundo.
El sol brilla alegre sobre ellos

con la belleza del mediodía.
¿Por qué se estremece, pues, el corazón del joven?
¿Qué es lo que le preocupa?

El pajarillo tocado por Dios no sabe
de miedos ni de dificultades.
Despreocupado, no trenza
su sólido nido, pues duerme
sobre una rama durante la larga noche.
Cuando el sol rojo se alza,
el pajarillo escucha la voz de Dios,
sacude las alas y canta.

Tras la primavera, ornato de la naturaleza,
vendrá el ardiente verano,
y luego el otoño traerá
las nieblas y el mal tiempo.
La gente se aburrirá y entristecerá.
El pajarillo volará a tierras lejanas,
a países cálidos, al otro lado del mar azul
hasta la llegada de la primavera.

Como ese pajarillo ocioso,
él, desterrado y trashumante, tampoco
conocía un nido seguro
ni tenía a quién acostumbrarse.
Por todas partes se le abren los caminos,
en todas partes encuentra un techo donde pasar
la noche.
Se levanta por la mañana y entrega

su día a la voluntad de Dios,
aunque su angustia vital no puede
quebrar la pereza de su corazón.
En ocasiones le cautiva
la estrella lejana de una fama seductora.
El lujo y las diversiones a veces
se le aparecen de forma inesperada.
Y un trueno resuena con frecuencia
sobre su cabeza solitaria.
Pero él está a gusto bajo la tormenta
y duerme como si hiciera un buen día.
Y vive sin conocer el poder
del pérfido y ciego destino.
Mas, ¡oh, Dios! ¡Cómo juegan
las pasiones con su alma sumisa!
¡Con qué agitación arden
en su pecho atormentado!
¿Se apaciguaron por mucho o por poco tiempo?
Ya se han despertado: ¡ten paciencia!

* * *

ZEMFIRA: Dime, amor mío: ¿no echas de menos
lo que abandonaste para siempre?

ALEKO: Y ¿qué abandoné?

ZEMFIRA: Ya lo sabes:
la gente de tu patria, tu ciudad.

ALEKO: ¿Qué tengo yo que echar de menos? Si tú supieras,
¡si tú tan siquiera imaginaras
el cautiverio que significan esas ciudades asfixiantes!
Allí las gentes, agolpadas entre cuatro paredes,
no respiran el fresco de la mañana,
ni el aroma de los prados en primavera.
Se avergüenzan del amor, desprecian las ideas,
comercian con su libertad,
bajan la cabeza ante sus amos
y ansían dinero y cadenas.
¿Qué abandoné? La inquietud de las traiciones,
la sentencia de los prejuicios,
la demente persecución de las multitudes_
o una clamorosa ignominia.

ZEMFIRA: Pero allí hay enormes palacios,
y alfombras multicolores,
y diversiones y bulliciosos banquetes,
y las damas llevan vestidos tan lujosos!...

ALEKO: ¿Qué significa el alegre bullicio de la ciudad?
Donde no hay amor, no hay alegría.
Y las damas... Tú eres mucho mejor que ellas,
¡y sin ropas caras,
sin perlas ni collares!
¡No cambies jamás, mi dulce amiga!
Y yo... Mi único deseo
es compartir contigo el amor, las horas de ocio
y este exilio voluntario!

ANCIANO: Nos quieres aunque hayas nacido
entre gente rica.
Pero la libertad no siempre es agradable
para el que ha aprendido los placeres.
Entre los gitanos existe una leyenda.
Una vez, un rey envió al exilio con nosotros
a un habitante de las tierras del sur[9].
(Antes recordaba su raro sobrenombre,
pero lo he olvidado).
Él tenía ya bastantes años,
pero su alma bondadosa era joven y vivaz.
Poseía el don divino del canto
y una voz parecida al arrullo de las aguas.
Todos le querían.
Vivía a orillas del Danubio.
No molestaba a nadie
y cautivaba a las gentes con sus narraciones.
No tenía malicia alguna
y era frágil y tímido como un niño.
La gente cazaba animales para él
y pescaba peces con sus redes.
Cuando se congelaban las rápidas aguas del río

---

[9] El autor hace referencia en este pasaje a Ovidio (43 a. C. - 17 ó 18 d. C.), que fue desterrado en el año 8 d. C. por el emperador Augusto a la ciudad de Tomis (actual Constanza, en Rumanía). El crimen por el que fue castigado es, posiblemente, la publicación de *El arte de amar*, poema calificado de obsceno por las autoridades. Pushkin encontraba parecido entre el exilio de Ovidio y el suyo propio, y así lo dejó escrito en varias de sus obras, por ejemplo en la estrofa VIII del capítulo primero de *Yevgueni Oneguin*.

y se enfurecían los torbellinos del invierno,
cubrían con una suave piel
al venerable anciano.
Pero este no pudo nunca acostumbrarse
a los trabajos de una vida de pobreza.
Erraba marchito, pálido,
y decía que un dios furibundo
le había castigado por un crimen…
Esperaba que llegara una salvación.
Y, por completo infeliz, se mostraba melancólico,
vagaba por las orillas del Danubio,
vertía amargas lágrimas
y recordaba su lejana ciudad.
Y dejó dicho que cuando muriese
llevaran al sur
sus tristes huesos,
para que no fueran también tras su muerte
unos solitarios invitados en esta tierra extraña.

ALEKO: Así es la suerte de tus hijos,
¡oh, Roma! ¡Oh, gran imperio!…
Cantor del amor, cantor de los dioses,
dime, ¿qué significa la gloria?
¿Un murmullo sepulcral? ¿Una voz lisonjera?
¿Un eco que resuena de generación en generación?
¿O el cuento de un indómito gitano
bajo el techo de su tienda humeante?

* * *

Dos años han pasado. Aún deambulan
los gitanos en pacífica multitud.
En todas partes, como siempre, encuentran
quietud y hospitalidad.
Aleko despreció las cadenas de las normas
y ya es libre como los gitanos.
Lleva una existencia trashumante
sin preocupación alguna.
Por fin es él mismo. Y esa es su familia.
No se acuerda de los años pasados
y ya se ha acostumbrado a la vida gitana.
Ama las acampadas nocturnas,
la alegría de una eterna ociosidad
y su lengua sencilla y sonora.
El oso, arrancado de su cueva natal,
invitado lanudo de su tienda,
baila penosamente y gruñe
y roe la odiosa cadena
ante la asustada muchedumbre
en las aldeas, en las sendas de la estepa,
junto a la corte de Moldavia.
Apoyado en su bastón caminero,
el anciano golpea con pereza los panderos,
Aleko gobierna a la bestia con su canto,
Zemfira camina entre los aldeanos
y recoge su tributo voluntario.
Llega la noche. Los tres
cocinan las gachas de mijo.
El anciano se duerme. Todo queda tranquilo…
En la tienda hay silencio y calor.

* * *

El anciano calienta al sol de la primavera
su ya gélida sangre.
Junto a la cama canta al amor.
Aleko se adormila y palidece.

ZEMFIRA: Viejo esposo, cruel esposo,
quémame, apuñálame.
Firme es mi voluntad. No le temo
ni al fuego ni al cuchillo.

Te detesto,
te desprecio.
Amo a otro,
y amando moriré.

ALEKO: Calla. Me molesta tu canción.
No me gustan las canciones tan atroces.

ZEMFIRA: ¿No te gustan? Y ¿a mí qué más me da?
Esta canción la canto para mí.

Quémame, apuñálame.
Yo nada te diré.
Viejo esposo, cruel esposo,
jamás sabrás quién es.

Más lozano que la primavera,
más ardiente que un día de verano.

¡Qué joven y arrojado!
¡Oh, cuánto me quiere!

¡Cómo le abrazaba yo
en el silencio de la noche!
¡Cómo nos reíamos entonces
de tus canas!

ALEKO: ¡Calla, Zemfira! Ya he tenido bastante…

ZEMFIRA: ¿Has entendido mi canción?

ALEKO: ¡Zemfira!

ZEMFIRA: Tienes razón al enfadarte,
esta canción que canto habla de ti.

(Sale mientras canta «Viejo esposo…»).

ANCIANO: Sí, la recuerdo, la recuerdo… Esa canción
se compuso en nuestros tiempos.
Hace mucho ya la cantábamos
ante la gente para entretenerla.
Cuando recorríamos las estepas del Kagul[10],
mi Mariula la cantaba con frecuencia
en las noches de invierno mientras mecía
a nuestra hija frente al fuego.

---

[10] Región al este de Besarabia que toma el nombre del río que la cruza y que desemboca por el norte en el Danubio.

Los años pasados se vuelven cada vez
más y más oscuros en mi memoria.
Pero esta canción ha surgido
de lo más profundo de mi mente.

* * *

Todo está en silencio. La luna embellece
al sur el horizonte azul.
Zemfira despierta al anciano:
«¡Oh, padre mío! Aleko me da miedo.
Escucha cómo gime y solloza
en su pesado sueño».

ANCIANO: No le despiertes. Guarda silencio.
Una superstición rusa oí una vez:
ahora, a medianoche,
los espíritus domésticos oprimen la respiración
a quien duerme. Cuando llegue
la aurora se irán. Siéntate conmigo.

ZEMFIRA: ¡Padre mío! Aleko no hace más que repetir:
«¡Zemfira!».

ANCIANO: Te busca incluso en sueños.
Tú eres lo que más quiere en el mundo.

ZEMFIRA: Su amor me hastía.
Me aburro. Mi corazón me pide libertad.
Y yo… Pero ¡silencio! ¿Lo oyes? Ahora
pronuncia otro nombre…

ANCIANO: ¿Qué nombre?

ZEMFIRA: ¿Lo oyes? ¡Qué gemido tan ronco!
¡Cómo rechina los dientes!… ¡Qué horror!…
Tengo que despertarle…

ANCIANO: Es inútil.
No ahuyentarás al espíritu nocturno.
Él mismo se irá…

ZEMFIRA: Se da la vuelta,
se levanta… ¡Me llama! ¡Se ha despertado!
Voy con él. Adiós, duérmete.

ALEKO: ¿Dónde estabas?

ZEMFIRA: Con mi padre.
Un espíritu te atormentaba.
Tu alma sufría en sueños.
Me dabas miedo.
Rechinabas dormido los dientes
y me llamabas.

ALEKO: Soñaba contigo.
Soñaba que entre nosotros…
¡Qué horribles visiones!

ZEMFIRA: No creas en sueños engañosos.

ALEKO: Oh, yo no creo en nada,
ni en sueños, ni en dulces palabras…
Ni siquiera en tu corazón.

* * *

ANCIANO: ¿Por qué, joven insensato?
¿Por qué siempre suspiras?
Aquí las personas son libres, el cielo es luminoso
y las mujeres son famosas por su belleza.
No llores o la tristeza te destruirá.

ALEKO: Padre, Zemfira ya no me ama.

ANCIANO: Serénate, amigo. Zemfira es una niña.
No hay razón para que te entristezcas.
Tú amas con dolor y sufrimiento,
pero el corazón femenino lo hace con frivolidad.
Mira cómo bajo la bóveda lejana
vaga libre la luna.
A su paso vierte su esplendor
por igual sobre toda la naturaleza.
Se esconde detrás de una nube,
la ilumina suntuosamente
y luego se esconde detrás de otra.
Y tampoco permanecerá allí mucho tiempo.
¿Quién le señala un lugar en el cielo
y le dice: «¡Detente ahí!»?
¿Quién le ordena al corazón de una joven muchacha:
«Ama solo a uno y no lo cambies nunca por otro»?
Serénate.

ALEKO: ¡Cuánto me amaba Zemfira!
¡Con cuánta ternura pasaba
las horas inclinada sobre mí por las noches
en el más absoluto silencio!
Llena de una alegría infantil,
¡qué bien sabía disipar
de inmediato mi ensimismamiento
con solo una dulce palabra
o con un beso embriagador!...
Y ¿ahora? ¡Zemfira me es infiel!
¡Mi Zemfira ha dejado de quererme!...

ANCIANO: Escucha. Te contaré
una anécdota que me sucedió.
Hace mucho, mucho tiempo, cuando Moscú
no amenazaba aún el Danubio
(ya verás, Aleko, que esto que recuerdo
no es más que una vieja aflicción),
todos temíamos a cierto sultán.
Y un bajá gobernaba sobre Budzhak[11]
desde las altas torres de Akkermán[12].
Yo era joven. En aquellos tiempos
mi alma hervía fogosa,
y ni una sola cana blanqueaba

---

[11] Región de Besarabia situada entre el mar Negro y los ríos Dniéster y Danubio.

[12] Antigua ciudadela fortificada de Budzhak, situada en el estuario del Dniéster. Dio lugar a la ciudad que llevó ese nombre desde 1503 a 1918, cuando pasó a llamarse Bélgorod-Dnestrovski (o Bíljorod-Dnistrovski en ucraniano).

todavía entre mis rizos.
De entre todas las jóvenes hermosas
una sobresalía… Y durante largo tiempo
la admiré como al sol,
pero al fin pude hacerla mía…

¡Oh! ¡Qué rápido, cual estrella fugaz,
brilló mi juventud!
Pero tú, hora del amor, volaste
aún más rápido: tan solo un año
Mariula me amó.

Una vez, cerca de las aguas del Kagul,
encontramos otro campamento.
Aquellos gitanos montaron sus tiendas
junto a las nuestras, al pie de las montañas,
y allí pasamos dos noches.
A la tercera noche se fueron,
y Mariula abandonó a nuestra pequeña hija
y se fue con ellos.
Yo dormía tranquilo. Llegó la aurora.
Me desperté. ¡Mi amada no estaba!
La busqué, la llamé y corrí tras ella.
Zemfira lloraba desconsolada.
Y yo también comencé a llorar. Desde entonces
me hastían todas las mujeres del mundo.
Mis ojos no han vuelto a escoger jamás
una amante de entre ellas,
y ya nunca he compartido con nadie
las solitarias horas de ocio.

ALEKO: Y ¿por qué no corriste
entonces tras la ingrata?
¿Por qué no les clavaste a esos cuervos
y a esa malnacida un puñal en el corazón?

ANCIANO: ¿Por qué? La juventud es más libre que los pájaros.
¿Quién tiene fuerzas para contener al amor?
A todos nos corresponde un momento de felicidad.
Lo que pasó no volverá de nuevo.

ALEKO: Yo no soy así. ¡No! ¡Yo no renunciaré
a mis derechos sin luchar!
O al menos gozaré de la venganza.
¡Oh, no! Si encontrara a mi enemigo dormido
junto a un acantilado sobre el mar,
lo maldeciría y allí mis pies
no tendrían compasión del miserable.
Arrojaría a las olas del mar
al indefenso sin palidecer.
Me reprocharía su inesperado terror
al despertar con una carcajada salvaje
y durante mucho tiempo reiría su caída
y el ruido del golpe me resultaría grato.

* * *

JOVEN GITANO: Otro más… Otro beso…

ZEMFIRA: Ya es la hora. Mi marido es celoso y malvado.

JOVEN GITANO: Otro… Pero ¡más grande! Como despedida.

ZEMFIRA: Adiós. No vuelvas hasta que te avise.

JOVEN GITANO: Dime, ¿cuándo volveremos a vernos?

ZEMFIRA: Hoy, cuando se ponga la luna.
Allí, tras la colina que está junto a la tumba…

JOVEN GITANO: ¡Me engañas! ¡No vendrás!

ZEMFIRA: ¡Ya está aquí!… Sí, iré, querido mío.

* * *

Aleko duerme. En sueños
se le aparece una angustiosa visión.
Se despierta con un grito rodeado de tinieblas
y extiende celosamente la mano.
Pero su mano, asustada,
toca solo unas sábanas frías.
Su amada está lejos…
Se incorpora con un estremecimiento y escucha…
Todo se encuentra en silencio. El miedo se apodera de él.
Un calor y un frío intensos recorren su cuerpo.
Se levanta y sale de la tienda.
Vaga aterrorizado alrededor de las carretas.
Todo está tranquilo. Callan los campos.
Está oscuro. La luna se ha ocultado tras la niebla.

Apenas brilla la vacilante luz de las estrellas.
Unas huellas apenas visibles
conducen tras unas colinas lejanas.
Aleko camina nervioso
a donde se dirigen las fatídicas huellas.

Una tumba al borde del camino
clarea frente a él en la lejanía...
Sus piernas temblorosas le llevan
hacia allí. Un presentimiento le invade.
Le tiemblan los labios y las rodillas.
Camina... Y, de pronto... ¿O solo es un sueño?
De pronto ve cerca dos sombras
y oye un vago rumor
junto a la tumba profanada.

PRIMERA VOZ: Ya es la hora...

SEGUNDA VOZ: Espera...

PRIMERA VOZ: Ya es la hora, mi amor.

SEGUNDA VOZ: No, no, espera. Aguardemos el día.

PRIMERA VOZ: Ya es tarde.

SEGUNDA VOZ: Qué severamente me amas.
¡Solo un momento!

PRIMERA VOZ: ¡Me buscarás la ruina!

SEGUNDA VOZ: ¡Solo un momento!

PRIMERA VOZ: ¿Y si mi marido
se despertara sin mí?...

ALEKO: Ya estoy despierto.
¡Adónde vais! ¡Deteneos!
¡Estaréis mejor aquí junto a la tumba!

ZEMFIRA: ¡Amor mío, corre! ¡Corre!...

ALEKO: ¡Espera!
¿Adónde vas, hermoso joven?
¡Cae!

(Le apuñala).

ZEMFIRA: ¡Aleko!

JOVEN GITANO: Muero...

ZEMFIRA: ¡Aleko! ¡Lo has matado!
¡Mira! ¡Estás todo cubierto de sangre!
¡Oh! ¿Qué has hecho?

ALEKO: Nada.
Ahora resucítale con tu amor.

ZEMFIRA: ¡No! ¡Basta! ¡No te tengo miedo!
¡Desprecio tus amenazas!
¡Maldigo tu crimen!...

ALEKO: ¡Muere tú también!

(La apuñala).

ZEMFIRA: Amando moriré…

* * *

Brilla el este iluminado por la luz
del día. Aleko, junto a la colina,
con el cuchillo en la mano y ensangrentado,
se ha sentado sobre la lápida de la tumba.
Dos cadáveres yacen ante él.
El rostro del asesino infunde pavor.
Una turba temerosa y alarmada
de gitanos le rodea.
Cavan a un lado una tumba.
Las mujeres, en triste procesión,
besan los ojos de los difuntos.
El viejo padre se sienta a solas
y contempla a la asesinada
con mudo y afligido abandono.
Levantan los cadáveres, se los llevan
y depositan a la joven pareja
en las frías entrañas de la tierra.
Aleko lo observa todo
desde lejos… Cuando echan sobre ellos
el último puñado de tierra,
Aleko, en silencio, se inclina lentamente
y se desploma de la lápida sobre la hierba.

Entonces el anciano se le acerca y le dice:
«¡Déjanos, hombre orgulloso!
Nosotros somos indómitos. No tenemos leyes,
no torturamos, no castigamos.
No necesitamos de la sangre ni de los gemidos.
Pero no queremos vivir con asesinos…
Tú no has nacido para la vida salvaje.
Tú deseas la libertad solo para ti.
Tu voz nos produce espanto,
pues somos temerosos y nuestra alma es buena.
Tú eres malvado y violento. Déjanos, pues.
Adiós. Que la paz sea contigo».
Así dijo. Y en ruidosa multitud
el campamento ambulante se levanta
de su terrorífico asentamiento en el valle.
Y todo desaparece rápidamente en la lejanía
de la estepa. Tan solo una carreta,
cubierta por una pobre lona,
queda en el campo fatídico.
Ocurre a veces antes del invierno
que, en las mañanas nubladas,
una bandada de grullas tardías
alza el vuelo desde las estepas
para dirigirse lejos, gruyendo, hacia el sur.
Pero una, atravesada por bala mortal,
queda tristemente atrás
con el ala acribillada extendida.
Ha llegado la noche. En la oscura carreta
nadie enciende una luz,
nadie duerme hasta el amanecer
bajo su techo abovedado.

EPÍLOGO

Con el mágico poder de los cantos,
en la niebla de mi memoria
renacen los sueños
de mis días luminosos, de mis días tristes.

En las tierras donde resonó durante mucho,
mucho tiempo el terrible fragor de la batalla;
donde los rusos pusieron límites
a las fronteras victoriosas de Estambul[13];
donde nuestra vieja águila bicéfala
atruena todavía con la gloria pasada;
allí encontré yo, en medio de las estepas,
sobre las ruinas de antiguas fortalezas,
las pacíficas carretas de los gitanos,
hijos de la humilde libertad.
Tras su ociosa multitud me acostumbré
yo a vagar por los páramos desiertos,
compartí sus sencillos alimentos
y dormí ante sus hogueras.
Durante sus lentas caravanas amé
las alegres melodías de sus cantos
y repetí muchas veces el cálido nombre
de nuestra querida Mariula.

---

[13] El autor hace referencia a la guerra ruso-turca de 1806. El Tratado de paz de Bucarest de 1812, que le dio fin, definió las nuevas fronteras entre Rusia y Turquía.

Pero ¡tampoco encontré la felicidad entre vosotros,
pobres descendientes de la naturaleza!...
Bajo vuestras tiendas desvencijadas
viven sueños dolorosos.
Vuestros techos errabundos
no protegen de las desgracias en las llanuras,
pues por todas partes acechan pasiones fatales
y no hay defensa posible contra el destino.

FIN DE LOS GITANOS

POLTAVA
(1929)

POLTAVA

The power and glory of the war,
Faithless as their vain votaries, men,
Had pass'd to the triumphant Czar.

LORD BYRON[14]

DEDICATORIA[15]

A ti. Mas la voz de la oscura musa
¿rozará acaso tu oído?
¿Podrá tu alma humilde comprender
los anhelos de mi corazón?
O la dedicatoria del poeta,
como una vez su amor,
¿pasará ante ti, de nuevo
desconocida, sin hallar respuesta?

---

[14] «El poder y la gloria de la guerra, / falsos como sus orgullosos partidarios, / son ahora, hombres, propiedad del zar triunfante». Epígrafe extraído de *Mazeppa*, de Lord Byron.

[15] El poema está dedicado a María Volkónskaia, de la que Pushkin, en su juventud, estuvo enamorado. Es muy posible que ella le inspirara muchos de los rasgos del personaje de Tatiana, de su novela en verso *Yevgueni Oneguin*. María era hija del general Nikolái Raievski, héroe de la guerra contra Napoleón. En enero de 1825 se casó con el príncipe Serguéi Volkonski, también héroe de la guerra contra los franceses, y que posteriormente participó en la Insurrección Decembrista y fue por ello condenado al exilio en Siberia desde 1826 a 1856, adonde le siguió su esposa.

Reconoce al menos los sonidos
que antes tanto amabas
y piensa que allí donde me lleve
mi suerte cambiante el día de la separación,
tu triste soledad,
el último sonido de tus palabras
será mi único tesoro,
el único amor de mi alma.

CANTO PRIMERO

Kochubéi[16] era rico y respetado.
La vista no abarcaba sus tierras.
Allí manadas de caballos
pastaban libres y sin vigilancia.
Alrededor de Poltava, los jardines
rodeaban sus *jútores*[17].
Kochubéi poseía gran cantidad de bienes,
pieles, telas de seda, plata,
a la vista o guardados bajo llave.
Pero Kochubéi era rico y orgulloso
no por sus caballos de largas crines,
no por el oro, tributo de las hordas de Crimea,
no por sus *jútores* familiares.

---

[16] *Vasili Leóntievich Kochubéi (1640-1708), juez general, es uno de los antepasados de algunos condes modernos* [Nota de Pushkin].

[17] *Un* jútor *es una casa de campo* [Nota de Pushkin].

El viejo Kochubéi se enorgullecía
de su bella hija[18].

Es justo decir que en Poltava
no había muchacha que igualara a María.
Lozana como flor de primavera
que crece a la sombra de los robledales.
Esbelta como un álamo de las colinas
de Kiev. Sus movimientos
recordaban unas veces al curso leve
de un cisne por aguas tranquilas;
otras a la rápida carrera de un ciervo.
Sus senos eran blancos como espuma…

Sus rizos negros caían como nubes
alrededor de su frente elevada.
Sus ojos brillaban como estrellas.
Sus labios eran rojos como una rosa.
Pero no solo su belleza
(¡efímera flor!) era admirada
con ruidoso rumor en la joven María:
por todas partes la elogiaban
como una doncella humilde e inteligente.
Por eso Rusia y Ucrania le enviaban
envidiables pretendientes.
Pero del matrimonio, como de las cadenas,

---

[18] *Kochubéi tuvo varias hijas. Una de ellas, Ganna, se casó con Obídovski, sobrino de Mazepa. La aquí mencionada se llamaba realmente Matriona* [Nota de Pushkin].

huía temerosa María.
Rechazaba a todos los pretendientes, e incluso
el mismísimo atamán[19] le enviaba casamenteros[20].

Era viejo el atamán. Consumido estaba por los años,
la guerra, las responsabilidades, las obligaciones.
Pero los sentimientos hervían en él
y Mazepa aprendió de nuevo el amor.

El corazón joven arde y se apaga
con rapidez. El amor se va
y vuelve otra vez a él
y cada día tiene un nuevo sentimiento.
El corazón del viejo,
endurecido por los años,
no se inflama tan obediente, tan ligero,
ni con tantas efímeras pasiones,
sino que se abrasa obstinada y lentamente
en el fuego del deseo.
Pero ese ardor tardío jamás se enfriará
y solo desaparecerá junto con la vida.

La gamuza no sale de debajo de la roca
cuando oye el pesado vuelo del águila.
La novia pasea sola por la antecámara,
tiembla y espera la decisión.

---

[19] Título equivalente al de gobernador usado entre los siglos XV y XVIII en Ucrania, Polonia y Lituania. Por encima de él solo estaba el zar. También puede encontrase la forma *hetman*.

[20] *Mazepa pidió la mano de su ahijada, pero, en realidad, ella le rechazó* [Nota de Pushkin].

Y toda llena de indignación,
su madre se acercó a ella, le tomó
estremecida la mano y le dijo:
«¡Desvergonzado! ¡Viejo sacrílego!
¿Es posible? No, mientras estemos vivos,
¡no! ¡No cometerá tal pecado!
Mazepa debe ser padre y amigo
de su inocente ahijada...
¡Insensato! Que en el ocaso de sus días
haya podido imaginar ser su esposo...».
María se echó a temblar. Su rostro
se cubrió de una palidez mortecina
y, fría como un cadáver,
la doncella cayó al suelo del recibidor.

Volvió en sí, pero de nuevo
cerró los ojos y no dijo
una palabra. Padre y madre
buscan tranquilizar su corazón,
ahuyentar el miedo y la tristeza,
aplacar la inquietud de sus angustiosos pensamientos...
En vano. Durante dos días,
unas veces llorando en silencio, otras gimiendo,
María no bebió, no comió,
se balanceaba pálida como una sombra
y no conoció el sueño. Al tercer día
abandonó sus aposentos.

Nadie sabía ni cuándo y ni cómo
desapareció María. Tan solo un pescador

oyó aquella noche los cascos de un caballo,
la voz de un cosaco y el susurro de una mujer,
y por la mañana las huellas de ocho herraduras
pudieron verse en el rocío de los prados.

No solo el primer vello de las mejillas
y los jóvenes rizos dorados;
a veces también el aspecto severo de los viejos,
las cicatrices en las cejas y los cabellos grises
inspiran sueños apasionados
en la imaginación de una doncella.

Y pronto la fatal noticia
llegó a los oídos de Kochubéi:
su hija olvidó el honor y la vergüenza,
¡María se encontraba entre los brazos de un traidor!
¡Qué deshonra! Padre y madre
no se atrevían a creer tales rumores.
Solo entonces la verdad se les apareció
en su más terrible desnudez.
Solo entonces comprendieron
el alma de una joven perversa.
Solo entonces se les reveló con claridad
por qué María escapó caprichosa
de las cadenas de la familia,
por qué sufría en silencio, suspiraba,
y por qué a los saludos de los pretendientes
contestaba con un orgulloso silencio.
Por qué, tan callada en la mesa,
solo prestaba atención al atamán

cuando la conversación se animaba
y las copas se espumaban con el vino.
Por qué siempre cantaba
aquellas canciones que él compuso[21]
cuando era joven y pobre,
cuando los rumores aún no hablaban de él.
Por qué, con espíritu marcial,
amaba los desfiles de caballería
y el sonido de los timbales de guerra y los gritos
ante el *bunchuk*[22] y la *bulavá*[23]
del gobernador de la Pequeña Rusia[24]...[25]

Kochubéi era rico y conocido.
Tenía muchos amigos
y podía lavar su honor.
Podía hacer que Poltava se sublevara.
Podía llevar a cabo su venganza paterna
en cualquier momento y castigar
al traidor en su propio palacio.
Podía apuñalarle con mano leal...
Pero era otro plan muy diferente
el que agitaba el corazón de Kochubéi.

---

[21] *La tradición atribuye a Mazepa varias canciones que aún se conservan en la memoria de la gente. En su denuncia, Kochubéi también se refiere a una* dumka *popular como si la hubiera compuesto Mazepa. Esta* dumka *es ejemplar en más de un aspecto histórico* [Nota de Pushkin].

[22] Bastón coronado con una cola de caballo que significaba la dignidad del pueblo cosaco.

[23] Maza, signo de poder entre los cosacos.

[24] Antigua denominación de Ucrania.

[25] *El* bunchuk *y la* bulavá *son símbolos de dignidad del atamán* [Nota de Pushkin].

Fue un tiempo de disturbios
cuando la joven Rusia
luchaba con todas sus fuerzas
por crecer gracias al ingenio de Pedro[26].
Severo fue su maestro en lo relativo a la ciencia
de la gloria. Más de una
clase inesperada y sangrienta
le dio el paladín sueco.
Pero Rusia, que deseaba venganza durante largo tiempo,
soportó los golpes del destino
y se fortaleció. Como el pesado martillo
tritura el cristal, Rusia forjó el acero.

Coronado por una gloria infructuosa,
el osado Carlos[27] corrió hacia el abismo.
Se dirigió al viejo Moscú,
desbarató los ejércitos rusos
como el remolino aventa la tierra en las colinas
y aplasta la hierba polvorienta.
Tomó el camino por el que un nuevo y poderoso enemigo[28]
dejó sus huellas en nuestros días,
cuando ese hombre que nos fue predestinado
ennobleció su caída con la retirada[29].

Ucrania se agitaba silenciosa,
pues hacía mucho que la chispa prendió en ella.

---

[26] El zar Pedro I el Grande.
[27] Carlos XII de Suecia.
[28] El autor se refiere a Napoléon.
[29] *Ver* Mazeppa, *de Byron* [Nota de Pushkin].

Los amigos del sangriento pasado
esperaban una guerra popular,
murmuraban exigiendo con arrogancia
que el atamán rompiera las alianzas
y que a Carlos le esperara impaciente
su frívolo entusiasmo.

Alrededor de Mazepa resonó
el grito rebelde: «¡Ya es hora! ¡Ya es hora!».
Pero el viejo atamán permanecía aún
cual súbdito obediente de Pedro.
Mantenía su severidad habitual.
Gobernaba Ucrania con serenidad
y parecía no atender los rumores
y celebraba festines sin preocupación.

«¿Qué le pasa al atamán? —repetían los jóvenes—.
Es débil. Está demasiado viejo.
Los años y el trabajo han apagado
su antiguo y enérgico ardor.
¿Por qué lleva aún la *bulavá*
en su mano temblorosa?
¡Ahora deberíamos declararle la guerra
al odioso Moscú!
Cuando el viejo Doroshenko[30],
o el joven Samoilóvich[31],

---

30 *Doroshenko, uno de los héroes de la antigua Pequeña Rusia, enemigo irreconciliable del gobierno ruso* [Nota de Pushkin].

31 *Grigori Samoilóvich, hijo del atamán Iván Samoilóvich, exiliado este último a Siberia a principios del reinado de Pedro I* [Nota de Pushkin].

o nuestro Paléi[32], o Gordeienko[33]
gobernaban las fuerzas armadas
los cosacos no morían
en las nieves de tierras lejanas
y sus ejércitos hubieran ya liberado
a nuestra Pequeña Rusia infortunada»[34].

Así murmuraba la atrevida juventud
mientras hervía desobediente,
sedienta de peligrosos cambios,
y olvidaba la antigua esclavitud de la patria,
las felices disputas de Bogdán[35],
las sagradas batallas, los pactos
y la gloria de los tiempos de los antepasados.
Pero la vejez camina con cuidado
y observa con recelo.
Lo que puede y no puede hacer
no lo decide al momento.
¿Quién descenderá a las profundidades del mar,

---

[32] *Simeón Paléi, coronel fanfarrón y afamado jinete. Tras unas arbitrarias incursiones de saqueo, fue enviado a Siberia a petición de Mazepa. Cuando este último se reveló como traidor, Paléi, su enemigo acérrimo, regresó del exilio y participó en la batalla de Poltava* [Nota de Pushkin].

[33] *Kostia Gordeiénko, atamán de los cosacos de Zaporozhie. Posteriormente se unió a Carlos XII. Fue hecho prisionero y ejecutado en el año 1708* [Nota de Pushkin].

[34] *Veinte mil cosacos han sido enviados recientemente a Livonia* [Nota de Pushkin].

[35] Bogdán Jmelnitski (1595-1657), atamán del ejército de cosacos zapórogos. Se reveló contra la nobleza polaco-lituana y firmó con el zar Alejo I el tratado de Pereiáslav, por el cual las tierras cosacas se incorporaron a Rusia.

inmóvil y cubierto de hielo?
¿Quién penetrará con inquisitiva inteligencia
el fatídico abismo
de un alma pérfida? Sus pensamientos,
fruto de pasiones reprimidas,
yacían sumergidos hondamente,
y los proyectos para días lejanos
es seguro que fructifiquen solos.
¿Quién sabe? Pero cuanto más malvado era Mazepa,
cuanto más astuto y engañoso era su corazón,
más imprudente parecía
y más simple era su proceder.
¡Con qué autoridad sabía
atraer y descifrar los corazones,
manejar las mentes a voluntad,
adivinar secretos ajenos!
¡Con qué verosímiles mentiras
el viejo charlatán rememoraba
bondadoso en los banquetes
los días pasados,
alababa la libertad con el arrojado,
criticaba el poder con el descontento,
vertía lágrimas con el acérrimo,
hablaba juicioso con el idiota!
Es posible que muy pocos supieran
que su alma era indómita,
que era feliz cuando hería
de forma noble o innoble a sus enemigos.
Que jamás olvidaría ni una sola ofensa
mientras viviera,

que hacía mucho este viejo arrogante
ideó lejos planes criminales.
Que no conocía lo sagrado,
que no recordaba la compasión,
que no amaba nada,
que estaba presto a derramar sangre como agua,
que despreciaba la libertad,
que no tenía patria alguna.

Tiempo atrás el malvado anciano
había alimentado en secreto un terrible propósito
en el fondo de su alma. Pero ahora una mirada peligrosa,
una mirada hostil le había atravesado.

«¡No, bestia peligrosa! ¡No, sabandija!
—pensaba Kochubéi mientras rechinaba los dientes—.
Respetaré tu morada,
la mazmorra de mi hija.
No te consumirás en el incendio,
no morirás por el golpe
de un sable cosaco. No, criminal.
Lo harás a manos de verdugos moscovitas,
en un charco de sangre, entre súplicas inútiles,
en el potro, retorcido de dolor en la tortura.
Maldecirás el día y la hora
en la que apadrinaste a mi hija en nuestra casa,
el banquete en el que llené
tu copa en su honor
¡y la noche en la que te lanzaste,
vieja ave de rapiña, sobre nuestra paloma!...».

Sí, hubo un tiempo en el que Kochubéi
y Mazepa fueron amigos. Aquellos días
compartían sus sentimientos
como el pan y la sal y los santos óleos.
Sus caballos cabalgaban juntos por el victorioso campo
de batalla a través del fuego.
Mantenían a solas con frecuencia
largas conversaciones.
Ante Kochubéi, el reservado atamán
abría un poco el abismo
de su alma agitada y voraz
e insinuaba con vagas palabras
futuras enmiendas,
acuerdos y rebeliones.
Sí, en aquel tiempo el corazón de Kochubéi
le era fiel al atamán.
Pero, enfurecido con un odio amargo,
ahora ya solo era fiel
a sus propios deseos. Kochubéi acariciaba
día y noche un único pensamiento:
o perecer él mismo o matar
para vengar a la hija profanada.

Y así guardó con firmeza
en el corazón su rencor ambicioso.
«En su desgracia impotente,
ha concentrado ahora sus pensamientos en la tumba.
No le desea el mal a Mazepa,
solo culpable a su propia hija.
Mas Kochubéi a su hija la perdona:

que ella responda ante Dios
por cubrir de vergüenza a su familia
y por olvidar el cielo y la ley…».

Mientras tanto, Kochubéi buscó
con ojo de águila en los círculos cercanos
compañeros arrojados para su causa,
irreductibles, insobornables.
Todo se lo confió a su esposa[36]:
hacía mucho que, en profundo silencio,
urdía una terrible acusación.
Y llena de una ira que solo conocen las mujeres,
la impaciente esposa
apremió a su malevolente marido.
En la calma de la noche, en el lecho del sueño,
ella, como un espíritu, le
hablaba de venganza, le reprochaba,
y vertía lágrimas, y le consolaba,
y le exigía juramentos, y ante ella
se inclinó sombrío Kochubéi.

El golpe ya estaba planeado. Junto a Kochubéi
estaba el valeroso Iskra[37].
Y ambos piensan: «Venceremos.
La caída de nuestro enemigo está decidida.
Pero ¿quién, por muy diligente que sea
y aunque mire por el bien de todos,

---

[36] *Mazepa le reprocha a Kochubéi en una carta que su esposa, orgullosa y muy inteligente, le domina* [Nota de Pushkin].

[37] *Iskra, coronel de Poltava y camarada de Kochubéi, compartió con él planes y destino* [Nota de Pushkin].

llevará la denuncia contra un poderoso criminal
ante la persona del escéptico Pedro
y no sentirá temor?».

Entre los cosacos de Poltava
que la desventurada muchacha rechazó,
había uno de jóvenes años
que la amaba con amor apasionado.
De día o de noche,
solía esperar a María
a orillas del río de la ciudad
o a la sombra de los cerezos de Ucrania,
y sufría mientras aguardaba
y se reconfortaba tras un breve encuentro.
La amaba sin esperanzas
y no la molestaba diciéndole
que no viviría si ella le rechazaba.
Cuando llegaban en grupo
a visitarla los pretendientes,
él se alejaba de sus filas triste y solitario.
Y cuando al momento se conoció
entre los cosacos la vergüenza de María,
y crueles rumores
la golpearon entre risas,
también entonces María conservó
para él el mismo significado.
Pero si alguien, por casualidad,
nombraba ante él a Mazepa,
entonces palidecía, se dolía en secreto
y bajaba al suelo la mirada.

* * *

¿Quién cabalgaba tan tarde
bajo las estrellas y la luna?
¿De quién era el infatigable caballo
que corría por las estepas infinitas?

El cosaco tomó el camino hacia el norte.
El cosaco no quería descansar
ni a campo abierto, ni en el robledal,
ni junto a los peligros de un puente.

Su acero damasquino brillaba como el cristal.
Un morral resonaba sobre su pecho.
Su brioso corcel corría sin perder pie
y agitaba las crines.

El jinete necesitaba los *chervóntsy*[38],
la espada no era más que un juguete
y el brioso corcel era también una diversión.
Pero el gorro era lo más apreciado.

Por el gorro daría feliz
espada, caballo y *chervóntsy*,
pero solo daría su gorro tras presentar batalla,
y solo lo entregaría de su cabeza cortada.

---

[38] Antigua moneda del imperio ruso. Se utilizó hasta 1757, cuando fueron reemplazados por el rublo de oro. Su singular es *chervónets*.

¿Por qué apreciaba tanto aquel gorro?
A él iba cosida una denuncia,
la denuncia contra el infame atamán
que Kochubéi enviaba al zar Pedro.

Mazepa, mientras tanto, no advertía
esa amenaza. A nada temía
y proseguía con sus artimañas.
Un jesuita[39] muy poderoso
organizó un motín popular
y le prometió un trono inestable.
Como ladrones, llevaban a cabo
de noche sus negociaciones,
en las que analizaban la traición,
escribían los universales[40],
comerciaban con la cabeza del zar
y con los juramentos de los vasallos.
Cierto mendigo entraba
a palacio no se sabía de dónde,
y Órlik[41], asistente del atamán,
le acompañaba en la entrada y la salida.
Sus secuaces sembraban veneno

---

[39] *El jesuita Zalenski, la princesa Dúlskaia y cierto arzobispo búlgaro, expulsado de su patria, fueron los principales agentes de la traición de Mazepa. El arzobispo, disfrazado de mendigo, viajaba desde Polonia a Ucrania y viceversa* [Nota de Pushkin].

[40] *Así se llamaban los manifiestos de los atamanes* [Nota de Pushkin].

[41] *Filipp Órlik, chanciller general y confidente de Mazepa. Tras la muerte de este último (en 1710), recibió de Carlos XII el título honorífico de atamán de la Pequeña Rusia. Posteriormente adoptó la fe mahometana y murió en Bender alrededor de 1736* [Nota de Pushkin].

en secreto por todas partes:
allá en el Don agitaban
los círculos cosacos junto a Bulavin[42];
allá despertaban la bravura de las ordas salvajes;
allá, al otro lado de las cascadas del Dniéper,
atemorizaban a las furiosas huestes
con la autocracia de Pedro.
Mazepa extendía su mirada por doquier
y enviaba cartas de un extremo a otro del país.
Con astutas amenazas hizo que Bajchisarái
se sublevara contra Moscú.
El rey le atendía en Varsovia,
tras las murallas de Ochakov el bajá,
y en los campamentos Carlos y el zar.
Su pérfida alma no dormía.
Sus planes engendraban otros planes
y ya preparaba el golpe de la forma más segura.
No se debilitaba su malvada voluntad,
incansable era su perverso ardor.

Mas ¡cómo se estremeció! ¡Qué rápido se alzó
cuando estalló ante él inesperado
un trueno ensordecedor! Cuando
unos nobles[43] rusos le enviaron a él,
el mayor enemigo de Rusia,

---

[42] *Bulavin, cosaco del Don que se rebeló por esa época* [Nota de Pushkin].

[43] Estos fueron el misterioso diplomático Piotr Shafírov y el conde Gavriíl Golovkin, amigos y protectores de Mazepa. Sobre ellos, para ser justos, debe recaer el juicio nefasto y la ejecución de los denunciantes [Nota de Pushkin].

la denuncia escrita en Poltava,
y en lugar de justas amenazas,
le prodigaron lisonjas cual víctima.
Pues, ocupado con la guerra,
el mismísimo zar, que despreció
lo que consideró una calumnia,
no prestó atención a la denuncia,
consoló a este Judas y prometió acallar
por siempre aquella maldad ¡con sonoro castigo!

Mazepa, con tristeza fingida,
elevó al zar su voz resignada.
«Dios lo sabe y el mundo lo ve:
Mazepa, un humilde atamán, ha servido
con ánimo fiel veinte años al zar.
Y el zar le ha obsequiado con infinita generosidad,
le ha recompensado de forma admirable…
¡Oh, qué ciega es la maldad insensata!
Y ahora que se encuentra ya a las puertas de la tumba,
¿va a aprender él la traición
y a ensuciar su fama intachable?
¿No negó acaso la ayuda
a Estanislao[44] con indignación
y, ruborizado, rechazó así la corona de Ucrania
y se la devolvió al zar como era su deber,
junto con los acuerdos y las cartas secretas?
¿No fue sordo acaso a las provocaciones

---

[44] *Esto ocurrió en el año 1705. Ver las notas de* Historia de la Pequeña Rusia, *de Dmitri Bantysh-Kamenski* [Nota de Pushkin].

del kan[45] y sultán de Bizancio?
Con ardiente afán, feliz
estuvo de enfrentarse con sables e ingenio
a los enemigos del zar blanco[46].
No escatimó ni esfuerzos ni vidas,
y ¡ahora el malvado enemigo se atreve
a ultrajar sus canas!
Y ¿quiénes? ¡Iskra y Kochubéi,
que durante tanto tiempo fueron sus amigos!…».
Y a través de lágrimas sedientas de sangre,
el traidor exige con fría temeridad
que sean ejecutados[47]…

Ejecutados ¿quiénes? ¡Viejo desalmado!
¿De quién era hija la muchacha que tenía
en los brazos? Con frialdad sofocaba
el gemido somnoliento de su corazón.
Y proseguía: «¿Por qué este loco
emprende una disputa desigual?
Él mismo, arrogante librepensador,

---

45 *Durante su invasión frustrada de Crimea, Ğazi-Giray III le propuso a Mazepa unirse a él y juntos atacar al ejército ruso* [Nota de Pushkin].

46 Así llamaban los tártaros a todos los zares de Rusia. Según su costumbre, adjudicaban a cada punto cardinal un color: negro para el norte, rojo para el sur, azul para el este y blanco para el oeste. Rusia para los tartaros se encotraba en el oeste. Por lo tanto, la traducción literal del apelativo sería «zar de occidente».

47 *En sus cartas, Mazepa se quejaba de que sus denunciantes eran torturados con demasiada bondad, exigía implacable su ejecución y se comparaba a sí mismo con Susana, calumniada injustamente por los ancianos sin ley, y al conde Golovkin con el profeta Daniel* [Nota de Pushkin].

afila el hacha para sí.
¿Adónde quiere correr con los ojos cerrados?
¿Sobre qué levanta sus esperanzas?
¿O acaso...? Mas el amor de la hija
no salvará la cabeza del padre.
El atamán prevalecerá sobre el enamorado.
De no ser así, mi sangre correrá».

¡María! ¡Pobre María!
¡Ornato de las hijas del Cáucaso!
Ignorabas a qué serpiente
arrullabas sobre tu seno.
¿Qué poder incomprensible
te arrastró con tanta fuerza
hacia un alma tan cruel y depravada?
¿A quién te entregaron como víctima?
Sus rizos canosos,
sus profundas arrugas,
sus ojos brillantes y hundidos,
sus astutas palabras
eran lo que tú más amabas.
Por todo ello olvidaste a tu madre
y preferiste la tentación de un lecho ya preparado
al hogar de tu padre.
Aquel viejo te hechizó
con sus ojos maravillosos,
adormeció tu conciencia
con su verbo sereno.
Tú le dedicaste con veneración
una mirada ilusionada

y le cuidaste con ternura.
Te complacía tu vergüenza
en tu loco arrobamiento,
te enorgullecía tu pudor,
mas perdiste en tu caída
el tierno encanto de la pureza…

¿Qué significa para María la vergüenza? ¿Qué los rumores?
¿Qué son para ella los lamentos de la gente
cuando el viejo, de rodillas,
reposaba sobre ella su cabeza orgullosa?
¿Cuando el atamán por ella olvidaba
destino, deberes y el mundanal ruido
o cuando le revelaba a ella, una tímida muchacha,
los secretos de sus terribles y osados pensamientos?
María no añoraba los tiempos de su inocencia,
pero la pena, como una nube,
oscurecía su alma en ocasiones:
tristes imagina ante ella
a su padre y a su madre.
Entre lágrimas los veía
solos, ancianos, sin su hija,
y parece que sentía compasión de su dolor…
¡Ay! ¡Si María hubiera sabido
lo que ya sabía toda Ucrania!…
Pero ella aún desconocía
aquel terrible secreto.

CANTO SEGUNDO

Mazepa estaba preocupado. Crueles pensamientos
enturbiaban su mente.
María observaba a su viejo
con ojos muy tiernos.
Abrazada a sus rodillas,
le decía palabras de amor.
Todo en vano: su amor no apartaba
esas negras reflexiones.
Mazepa, fríamente, bajaba la mirada
ante la pobre doncella con indiferencia
y respondía a su dulce reproche
solo con silencio.
Sorprendida, agraviada,
apenas si podía respirar. Se alzó
y le dijo con indignación:

«Escucha, atamán. Por ti
yo lo he olvidado todo en este mundo.
Me enamoré una vez y para siempre.
Solo tengo un ideal:
tu amor. Y por él
he destruido mi felicidad,
pero en absoluto la echo de menos…
Recuerda: en el silencio terrible
de aquella noche en que fui tuya
juraste que me amarías.
¿Por qué no me amas?».

MAZEPA: Querida mía, eres injusta.
Abandona esos pensamientos.
Con tales sospechas arruinas tu corazón.
No, las pasiones agitan
y ciegan tu alma vehemente.
María, créeme: te amo
más que a la gloria, más que al poder.

MARÍA: Mentira. Tú finges conmigo.
¿Tanto hace que éramos inseparables?
Ahora huyes de mis caricias.
Ahora te resultan fastidiosas.
Todo el día estás rodeado de autoridades,
en banquetes, en viajes. Me has olvidado.
Pasas largas noches solo,
o con ese mendigo o con el jesuita.
Mi humilde amor nada más
encuentra una seca frialdad.
Hace poco bebiste, lo sé,
a la salud de Dúlskaia. Eso es nuevo.
¿Quién es esa Dúlskaia?

MAZEPA: ¿Estás
celosa? ¿Crees que yo, a mis años,
voy a buscar el altivo saludo
de una belleza presuntuosa?
¿Y que yo, un viejo tan huraño,
voy a suspirar como un joven ocioso
por arrastrar esas vergonzantes cadenas
y por seducir mujeres con artimañas?

MARÍA: No, explícate sin excusas
y responde abiertamente y con claridad.

MAZEPA: Deseo la paz de tu alma,
María. Que así sea. Escucha.

Hace mucho ideamos un plan.
Ahora ese plan nos quema en las manos.
Ha llegado el momento preciso.
La hora de la gran batalla está cerca.
Por demasiado tiempo hemos inclinado la cabeza
sin la amada libertad ni gloria alguna
ante la tutela de Varsovia
y el despotismo de Moscú.
Pero ya es hora de que Ucrania
sea un estado independiente.
Y yo soy quien levanta la bandera de la libertad
ensangrentada contra Pedro.
Todo está preparado: los dos monarcas
han mantenido negociaciones conmigo.
Y es posible que pronto, con motines,
con virulentas batallas, erigiré mi trono.
Cuento con amigos fieles:
la princesa Dúlskaia y, con ella,
el jesuita y aquel mendigo
cuidarán de mis planes hasta el final.
A través de sus manos llegan hasta mí
cartas y documentos de esos monarcas.
Ya te he revelado tan graves asuntos.
¿Estás satisfecha? ¿Se han disipado
tus dudas?

MARÍA: ¡Oh, amor mío!
¡Serás el zar de nuestra tierra patria!
¡Cómo lucirá sobre tus canas
la corona real!

MAZEPA: Basta.
Aún no ha acabado todo. La tormenta estallará
y ¿quién puede saber lo que me espera?

MARÍA: A tu lado no conozco el miedo.
¡Tú lo puedes todo! Oh, lo sé:
el trono te espera.

MAZEPA: ¿Y si lo que me espera es el cadalso?…

MARÍA: Si así fuera, al cadalso subiría contigo.
¡Oh! ¿Cómo podría sobrevivirte?
Pero no: tú llevas el signo del poder.

MAZEPA: ¿Me amas?

MARÍA: ¿Que si te amo? ¿Yo?

MAZEPA: Dime: ¿a quién quieres más?
¿A tu padre o a tu esposo?

MARÍA: Amor mío,
¿por qué esa pregunta? Me inquieta
en vano. Yo me esfuerzo por
olvidar a mi familia.

Los he deshonrado. Es posible
(¡qué pensamiento tan horrible!)
que mi padre me haya maldecido.
Y ¿por qué?

MAZEPA: Entonces, ¿me quieres
más que a tu padre? Callas…

MARÍA: ¡Oh, Dios!

MAZEPA: ¿Qué respondes?

MARÍA: Decídelo tú mismo.

MAZEPA: Escúchame: si uno de los dos,
tu padre o yo, tuviera que morir,
y tú fueras nuestra juez,
¿a quién condenarías
y a quién protegerías?

MARÍA: ¡Ah, basta! ¡No tortures mi corazón!
Eres un embaucador.

MAZEPA: ¡Responde!

MARÍA: Estás pálido. Tus palabras son severas…
¡Oh, no te enfades! Todo, estoy dispuesta
a sacrificarlo todo por ti, créeme.
Pero tus palabras me dan miedo.
Ya es suficiente.

MAZEPA: Recuerda, pues, María,
lo que acabas de decirme.

Tranquila estaba la noche ucraniana.
El cielo era tranparente y brillaban las estrellas.
El aire no quería vencer
su somnolencia y apenas si se agitaban
las hojas de los álamos de plata.
Serena resplandecía la luna
en las alturas sobre Bélaia Tsérkov[48]
y el suntuoso jardín del atamán.
Había luz en el viejo castillo
y todo estaba en silencio alrededor.
Mas en el castillo se oían murmullos y confusión.
En una de sus torres, bajo la ventana,
sumido en profundos y atroces pensamientos,
estaba sentado Kochubéi,
que miraba al cielo con tristeza.

Por la mañana iba a ser la ejecución.
Pero en el terrible castigo pensaba sin miedo.
No le apenaba perder la vida.
¿Qué era la muerte para él? Un sueño anhelado.
Preparado yacía para una tumba sangrienta.
El sueño le vencía. Pero, ¡Dios del cielo!,
caer en silencio a los pies de aquel malvado

---

[48] Ciudad a unos 80 kilómetros al sur de Kiev. En 1651 se firmó allí el tratado de paz entre Polonia-Lituania y los cosacos ucranianos dirigidos por Bogdán Jmelnitski.

como un ser privado del don de la palabra,
que el zar lo entregue a su propio
enemigo para que lo castigue,
perder la vida y con ella el honor,
arrastrar consigo al cadalso a los amigos,
escuchar junto a la tumba sus maldiciones,
inclinarse inocente bajo el hacha,
encontrar la mirada alegre del enemigo
y arrojarse a los brazos de la muerte
¡sin haber legado a nadie
su odio hacia el traidor!...

Y olvidó a su querida Poltava,
el asiduo círculo familiar, los amigos,
la riqueza de los días pasados, la gloria,
y las canciones de su hija,
y la vieja casa donde nació,
en la que conoció el trabajo y el sueño tranquilo,
y todo con lo que disfrutó en vida
y que ahora rechazaba de buen grado.
¿De qué le servían ya?

Pero la llave tronó
en la cerradura oxidada y despertó
al desdichado, que pensó: «¡Ya está aquí!
Mi guía en este camino ensangrentado
camina bajo el signo de la cruz,
poderoso redentor de los pecados,
doctor de los dolores del alma, servidor
ante nosotros de Cristo crucificado,

que me dio Su sangre santa
y Su cuerpo. ¡Seré fuerte!
¡Le haré frente a la muerte con valor
y participaré de la vida eterna!».

Y con el corazón afligido,
el desdichado Kochubéi estaba preparado
para verter ante el Eterno y Todopoderoso
la angustia de sus ruegos.
Pero no reconoció a ningún santo ermitaño,
sino a otro invitado:
el feroz Órlik estaba ante él.
Y, lleno de asco,
el condenado le pregunta amargamente:
«¿Estás aquí, hombre cruel?
¿Por qué turba Mazepa
también mi última noche?».

ÓRLIK: El interrogatorio no ha terminado. Contesta.

KOCHUBÉI: Ya he contestado. Vete,
déjame.

ÓRLIK: El *pan*[49] atamán aún
te exige una confesión.

KOCHUBÉI: Pero ¿cuál?
Hace mucho que confesé

---

[49] Tratamiento señorial usado en Polonia y Ucrania.

lo que quisisteis. Mis declaraciones
fueron todas falsas. Soy un malhechor,
tomo parte en intrigas. El atamán tiene razón.
¿Qué más queréis?

ÓRLIK: Sabemos
que te hiciste rico de forma deshonesta.
Sabemos que tienes más
de un tesoro escondido en Dikanka[50].
Tu castigo debe completarse.
Tus propiedades deben ir por entero
a los fondos del ejército.
Esa es la ley. Yo te enseñaré
tu última deuda: dime,
¿dónde has escondido tus tesoros?

KOCHUBÉI: Sí, no os equivocáis. Tres tesoros
han sido mi alegría en esta vida.
Mi primer tesoro fue el honor
y la tortura me lo arrebató.
Mi segundo e irreparable tesoro fue
la honra de mi hija querida.
Día y noche temblaba yo por él
y Mazepa me lo robó.
Pero yo he guardado un último tesoro,
mi tercer tesoro: la sagrada venganza.
Estoy preparado para entregársela a Dios.

[50] *El pueblo de Kochubéi* [Nota de Pushkin].

ÓRLIK: Anciano, deja esos desvaríos infructuosos.
Estás a punto de morir,
más vale que pienses con claridad.
Ya no hay tiempo para bromas. Dame una respuesta
si no deseas nuevos tormentos.
¿Dónde has escondido el dinero?

KOCHUBÉI: ¡Maldito lacayo!
¿Terminarás este ridículo interrogatorio?
Espera un poco, déjame yacer en la tumba.
Entonces corre con Mazepa
a contar mis propiedades
con dedos ensangrentados,
a levantar los sótanos de mi mansión,
a incendiar y talar mis casas y jardines.
Llevad a mi hija con vosotros.
Ella misma os lo contará todo,
ella misma os señalará todos los tesoros.
Pero ahora, por el amor de Dios,
¡déjame tranquilo!

ÓRLIK: ¿Dónde has escondido el dinero? ¡Habla!
¿No quieres? ¿Dónde está el dinero? Dímelo
o atente a las consecuencias.
Piénsalo y revélanos el lugar.
¿Callas? A la tortura, pues. ¡Eh, verdugo![51]

---

[51] *Ya condenado a muerte, Kochubéi fue torturado por los soldados del atamán. De las respuestas del infeliz se desprende que le preguntaron por los tesoros que escondía* [Nota de Pushkin].

Y el verdugo entró…

¡Oh, qué horrible noche de tormentos!

Pero ¿dónde estaba el atamán? ¿Dónde estaba el traidor?
¿Adónde escapó de los remordimientos
de su conciencia de serpiente?
En la buhardilla de la muchacha dormida,
bendecida aún por la ignorancia,
estaba sentado Mazepa con la cabeza gacha,
triste y en silencio,
junto al lecho de su joven ahijada.
Por su alma vuelan los pensamientos,
cada uno más oscuro que el otro.
«El insensato Kochubéi morirá.
No es posible salvarlo. Cuanto más cerca
está el objetivo del atamán, más duro
debe ser él al mostrar su poder,
más bajo deben inclinarse ante él
sus enemigos. No hay salvación:
el delator y su secuaz
morirán». Pero Mazepa dirigió una mirada
al lecho y pensó: «¡Oh, Dios!
¿Qué será de ella cuando
oiga la fatal noticia?
Ahora María se encuentra en paz,
pero no puedo guardar el secreto
por más tiempo. Al amanecer
el hacha caerá y resonará
por toda Ucrania. ¡La voz del mundo entero
tronará alrededor de María!
Ah, lo veo: aquel a quien la suerte

le destine una vida agitada,
ese estará solo ante la tormenta
y no podrá llamar a su lado a ninguna mujer.
No se puede enganchar en un mismo carro
a un caballo y a un gamo temeroso.
Me olvidé de mí mismo con imprudencia
y ahora lloro el tributo de esta locura…
Todo lo que no tiene precio,
todo, todo lo que hace hermosa la vida
esta pobrecilla me lo entregó como ofrenda,
a mí, a un triste viejo. Y ¿cómo se lo recompenso?
¡Qué golpe le he preparado!».
Y observa ¡qué dulce es la tranquilidad
de la joven en ese apacible lecho!
¡Qué tiernamente la acunaba el sueño!
Abrió los labios y dejó escapar suavemente
la serena respiración de su joven pecho.
Pero mañana, mañana… Mazepa
se estremeció y apartó la mirada.
Se levantó, caminó sin ruido
y salió al jardín solitario.
Tranquila estaba la noche ucraniana.
El cielo era transparente y brillaban las estrellas.
El aire no quería vencer
su somnolencia y apenas si se agitaban
las hojas de los álamos de plata.
Pero las preocupaciones eran lúgubres y extrañas
en el alma de Mazepa: las estrellas nocturnas,
como ojos acusadores,
las observaban burlonas.

Y los álamos, firmes y en hilera,
sacudían apenas la cabeza
y murmuraban como jueces ante él.
La oscuridad de la cálida noche de verano
era asfixiante como una negra mazmorra.

De pronto, desde el castillo, a Mazepa le pareció
oír un débil grito, un lamento incomprensible…
Podía ser una alucinación,
o el llanto de una lechuza, o el aullido de un animal,
o el gemido de la tortura, o cualquier otro sonido.
Pero lo único que el viejo
no pudo superar fue su propia inquietud,
y contestó a aquel largo
y débil grito con otro
que lanzaba con salvaje alegría
en los campos de batalla,
cuando cabalgaba en medio del fogoso combate
con Gamaléi, con Zabela,
y con él…, con nuestro Kochubéi.

Los rayos de la aurora purpúrea
inundaban los cielos de luz.
Brillaron los valles, las colinas, los trigales,
las copas de los árboles y las aguas de los ríos.
Resonó el murmullo juguetón de la mañana
y la gente despertó.

Aún respira María con dulzura
envuelta por el sueño, y a través

de un sueño ligero escucha que alguien
a ella se acerca y acaricia sus pies.
Se despierta y al momento
cierra los ojos con una sonrisa
para cuidarse de la luz de la mañana.
María le ofrece los brazos
y susurra con lánguido placer:
«Mazepa, ¿eres tú?...». Pero es otra voz
la que contesta... ¡Oh, Dios!
Tiembla y fija la mirada... Y ¿qué ve?
Ante ella está su madre...

MADRE: ¡Silencio! ¡Silencio
o será nuestra ruina! He llegado hasta aquí
con sumo cuidado esta noche
con una única y lacrimosa súplica.
Hoy es la ejecución. Solo tú
podrás aplacar su crueldad.
Salva a tu padre.

HIJA *(horrorizada):* ¿Qué padre?
¿Qué ejecución?

MADRE: ¿Acaso aún
no lo sabes?... ¡No! Tú no estás en un desierto,
sino en un palacio. Tú deberías saber
qué terrible es el poder del atamán,
de qué forma castiga a sus enemigos,
cómo le apoya el zar...
Pero veo que reniegas

de tu afligida familia en favor de Mazepa.
Te he encontrado dormida
cuando acecha el cruel destino,
cuando leen la sentencia,
cuando preparan el hacha para tu padre…
Veo que ahora somos completas desconocidas…
¡Despierta, hija mía! María,
corre, cae a sus pies,
salva a tu padre, ¡sé nuestro ángel!
Tu mirada atará las manos al malvado.
¡Tú puedes parar su hacha!
¡Humíllate! ¡Exígele! El atamán no se negará.
¡Por él has olvidado el honor,
a tu familia y a Dios!

HIJA: ¿Qué es lo que ocurre?
Mi padre… Mazepa… Una ejecución… Mi madre
aquí, en este castillo, con una súplica…
¡No! O he perdido la razón
o estoy soñando.

MADRE: ¡Dios sea contigo!
No, no, no es un sueño ni un delirio.
¿Será posible que aún no sepas
que tu padre, desesperado,
no soportó el deshonor de su hija
y, llevado por la sed de venganza,
denunció ante el zar al atamán…?
¿Que fue cruelmente torturado
y confesó nefastas intenciones

en medio de vergonzosas calumnias insensatas?
¿Que, víctima de una justicia inclemente,
tu padre entregó la cabeza al enemigo?
¿Que ante miles de soldados,
si la diestra todopoderosa de Dios
no le protege,
será hoy ejecutado?
¿Que ahora, mientras tanto, está preso
en la torre de los calabozos?

HIJA: ¡Oh, Dios! ¡Oh, Dios!...
¡Hoy! ¡Mi pobre padre!

Y la doncella cayó sobre el lecho
como un frío cadáver.

Había gorros por todas partes. Brillaban las lanzas.
Sonaban los panderos y cabalgaban los *serdiukí*[52].
Los regimientos se alineaban en formación.
Hervía la multitud. Palpitaban los corazones.
El camino, lleno de personas,
se movía como cola de serpiente.
En medio del campo se alzaba el patíbulo fatal.
Sobre él caminaba alegre el verdugo,
que esperaba ansioso a los condenados.
Unas veces tomaba la pesada hacha
en sus manos blancas para jugar,

---

[52] *Ejército formado por soldados a los que mantenía el propio atamán* [Nota de Pushkin].

otras bromeaba con el gozoso populacho.
Todo se mezclaba en la estridente algarabía:
el grito de una mujer, blasfemias y risas y lamentos.
Resonó de pronto una exclamación
y se hizo el silencio. Tan solo los cascos de un caballo
se oían en aquella terrible quietud.
Allá, rodeado de *serdiukí*,
el atamán cabalgaba orgulloso
en un caballo moro con sus sargentos.
Y allá, por el camino de Kiev,
rodaba una carreta. Todas las miradas,
confusas, se volvieron hacia ella.
En la carreta iba el inocente Kochubéi,
en paz, reconciliado con el cielo,
fortalecido por su fe poderosa.
Junto a él estaba Iskra, callado, indiferente,
como un ángel, obediente a su destino.
La carreta se detuvo y se oyó
en voz alta la oración de los presentes.
El humo se elevaba desde los incensarios.
El pueblo rezaba en silencio
por el descanso del alma de los infelices
cuyos enemigos condenaron. Y entonces
los dos subieron al cadalso. Kochubéi
se santiguó y apoyó la cabeza en el tajo.
Aquel mar de gente enmudeció
como en la tumba. El hacha brilló en lo alto
y la cabeza cayó.
El campo entero lanzó un grito. La segunda cabeza
rodó parpadeando tras la primera.

La sangre tiñó la hierba.
Y el verdugo, con el corazón radiante
de maldad, cogió las dos cabezas por el *chub*[53]
y con mano firme
las mostró a la multitud.

La ejecución había terminado. Los espectadores,
despreocupados, regresaban a sus casas
y hablaban entre ellos
de sus eternos asuntos.
El campo se vaciaba poco a poco.
Entonces, dos mujeres corrieron
por el camino abarrotado.
Exhaustas, llenas de polvo,
parecía que se apresuraban aterrorizadas
al lugar de ejecución.
«Llegan tarde», les dijo alguien,
y señaló al campo con el dedo.
Allí desmontaban ya el fatal patíbulo,
un pope rezaba con su casulla negra
y dos cosacos subían a la carreta
un ataúd de roble.

Solo, al frente de la multitud de jinetes,
el terrible Mazepa se alejaba
del lugar de ejecución. Una horrible sensación
de vacío le atormentaba.

---

[53] Mechón o coleta que los cosacos se dejaban crecer sobre la cabeza afeitada.

Nadie se acercaba a él
ni le decía nada.
Su caballo galopaba cubierto de espuma.
Al llegar a casa, Mazepa preguntó:
«¿Dónde está María?». Y solo escuchó
respuestas tímidas e imprecisas…
Invadido por un terror involuntario,
fue a los aposentos de la joven. Entró,
pero la habitación estaba vacía y en silencio.
Fue al jardín y anduvo por allí turbado.
Y alrededor del gran estanque,
entre los arbustos, bajo los árboles tranquilos…
Todo estaba vacío, no había rastro de ella.
¡Se había marchado! Llamó esperanzado
a sus lacayos, los veloces *serdiukí*,
que partieron en su busca. Los caballos resoplaban.
Resonó el salvaje clamor de la carrera.
Aquellos valientes recorrieron
al galope hasta el último confín.

Pasaba un tiempo precioso
y María no volvía.
Nadie sabía ni había oído
por qué ni cómo se escapó…
Mazepa rechinaba los dientes en silencio
y los criados temblaban sin proferir palabra.
El corazón del atamán le hervía lleno de veneno.
Se encerró en los aposentos de la joven
y pasó la oscura noche allí sentado,
junto a la cama, sin poder cerrar los ojos,

presa de un dolor infinito.
Por la mañana llegaron uno tras otro
los lacayos enviados en busca de María.
Los caballos apenas podían moverse. Las riendas,
las sobrecinchas, los tellices, las herraduras...
Todo estaba cubierto de espuma,
de sangre, destrozado y fuera de sitio.
Pero ninguno le pudo traer
noticia de la pobre doncella.
Todo rastro de su existencia
se había esfumado como un sonido vacío.
Y la madre partió sola a las tinieblas
de un exilio de desgracias y miseria.

CANTO TERCERO

La profunda tristeza de su alma
no impidió al gobernador de Ucrania
desear osadamente ir aún más lejos.
Mazepa extremó sus ambiciones
y continuó sus alianzas
con el orgulloso rey de Suecia.
Mientras tanto, para disimular mejor
a ojos de sus desconfiados enemigos,
se rodeó de una turba de médicos
y pidió a gritos en la cama
una solución para sus males imaginarios.
El fruto de las pasiones, de la guerra, del esfuerzo,
de las enfermedades, de su vejez y aflicciones,

mensajeros de la muerte, le encadenó
al lecho. Ya estaba preparado
para abandonar muy pronto este mundo perecedero.
Quería realizar los ritos sagrados.
Llamó al archimadrita
junto al lecho de su más que dudosa muerte,
quien derramó sobre esas pérfidas canas
un óleo misterioso.

Y el tiempo pasó. Moscú esperaba
en vano a sus invitados en cualquier momento
y preparaba en secreto para los suecos
un banquete funerario entre viejas tumbas enemigas.
Carlos dio la vuelta de forma inesperada
y llevó la guerra hasta Ucrania.

Y llegó el día. Mazepa, ese débil moribundo,
ese cadáver viviente que ayer aún
gemía sin fuerzas junto a la tumba,
abandonó el lecho.
Ya era un poderoso enemigo de Pedro.
Entonces, lleno de vigor, resplandeció
al frente de sus ejércitos con ojos orgullosos
y blandió su sable. Y se lanzó con presteza
a caballo hacia el Desná[54].
Así aquel astuto cardenal[55],

---

[54] Río que discurre por Rusia y Ucrania. Posee una longitud de 1130 kilómetros y es el principal afluente del Dniéper.

[55] El autor se refiere al cardenal Felice Peretti (1521-1590). Sobre su coronación papal corre una leyenda, nunca confirmada. Cuando murió el despótico papa Gregorio XIII en 1585, los demás cardenales

encorvado torpemente por su vida pasada,
nada más ser coronado con la tiara de Roma,
se enderezó, sanó y rejuveneció incluso.

Y la noticia voló con alas propias.
Un vago rumor recorrió Ucrania:
«Se ha pasado al enemigo. Nos ha traicionado.
Ha puesto obediente a los pies
de Carlos el *bunchuk*». Prendió la llama,
se levantó la sangrienta aurora
de una guerra popular.

¿Quién podría describir
la indignación y la ira del zar?[56]

---

prefirieron un nuevo papa débil y fácil de manejar. Por ello eligieron a Peretti, anciano y enfermo, que tomó el nombre de Sixto V. Nada más ser coronado, tiró su bastón, se levantó con firmeza, se irguió y participó con energía en los ritos consiguientes. Otra leyenda cuenta además que, al momento de ser coronado papa, mandó matar a todos sus contrincantes y allí mismo se acostó con su criada. Su papado, aunque corto (cinco años), se caracteriza por una intensa labor de renovación de la iglesia católica.

[56] *Las medidas de fuerza tomadas por Pedro con su rapidez y energía habituales mantuvieron a Ucrania bajo su dominio.*

«El 7 de noviembre de 1708, por orden real, los cosacos eligieron con total libertad según sus costumbres al coronel de la región de Starodubka Iván Skoropadski como su atamán».

«El día 8 de noviembre llegaron a Glújov los arzobispos de Kiev, Chernígov y Pereiaslav».

«Pero el día 9 de noviembre los arzobispos citados traicionaron públicamente su juramento de fidelidad a Mazepa. Ese mismo día, sacaron la persona (representada en un muñeco) del traidor Mazepa, le quitaron la insignia de la Orden de Caballería (que estaba prendida a su persona con un lazo) y pusieron dicha persona en manos del verdugo, que lo ató y lo sujetó con una cuerda y lo arrastró por calles y plazas hasta la horca y después lo ahorcó».

«En Glújov, el día 10 de noviembre, ejecutaron a Chéchel y a otros traidores...». *(Diario de Pedro el Grande)* [Nota de Pushkin].

Tronaba el anatema en las catedrales.
El *kat*[57] atormentó la efigie de Mazepa.
En ruidosa asamblea, con libres palabras,
eligieron a otro atamán.
Pedro llamó apresurado
a las familias de Kochubéi y de Iskra
desde las orillas desiertas del Yeniséi[58]
y virtió lágrimas con ellos.
Les mostró su merced y les colmó
de nuevos honores y bienes.
Enemigo de Mazepa, impetuoso jinete,
el viejo Paléi se dirigió a Ucrania
desde las tinieblas del destierro, al campamento del zar.
Huérfana se agitaba la sedición.
El valiente Chéchel murió en el cadalso[59]
como aquel atamán zapórogo.
Pero tú, amante de la gloria militar,
que arrojaste la corona por el yelmo,
tu día se acercaba, pues al fin viste
a lo lejos las murallas de Poltava.

Y el zar llevó allí sus tropas a toda prisa.
Llegaron como una tormenta
y los dos campamentos en la llanura
se asediaron con astucia el uno del otro.

---

[57] *Palabra pequeñorrusa. Significa «verdugo»* [Nota de Pushkin].

[58] Río siberiano. Tiene una longitud de 4095 kilómetros y desemboca en el mar de Kara.

[59] *Chéchel defendió ferozmente la ciudad de Baturin de las tropas del príncipe Ménshikov* [Nota de Pushkin].

Los feroces guerreros,
versados en mil batallas
y borrachos muy pronto de sangre,
se enfrentaton finalmente entre sí.
Y, colérico, el poderoso Carlos no ve
ya las nubes de infelices soldados
que huían y que una vez derrotó en Narva[60],
sino columnas de flamantes regimientos, bien alineados,
disciplinados, templados y veloces,
y una sólida fila de bayonetas.

Pero Carlos decidió que por la mañana sería la batalla.
El campamento sueco dormía profundamente.
Solo en una tienda
se oía el murmullo de una conversación.

«No, veo que no, amigo Órlik,
nos hemos dado demasiada prisa.
Los cálculos son temerarios y desafortunados
y no nos traerán la victoria.
Está claro que mi objetivo se me escapa.
¿Qué hacer? He errado un tiro importante.
Me he equivocado con este Carlos.
Es un muchacho avispado y atrevido.
Puede, por supuesto, ganar

---

[60] El 30 de noviembre de 1700, el ejército sueco venció al ruso, que sitiaba la ciudad de Narva. Las tácticas empleadas por los suecos les permitió alcanzar la victoria a pesar de estar en clara desventaja numérica: el ejército ruso contaba con 80.000 hombres, mientras que el sueco disponía de 11.000.

dos o tres batallas,
cargar contra el enemigo a la hora de la cena[61],
reaccionar con risas ante una bomba[62],
introducirse de noche en el campamento enemigo
no peor que un fusilero ruso,
matar como hoy algún cosaco
y cambiar herida por herida[63].
Pero no puede llevar a buen puerto una guerra
contra un gigante absolutista.
Como si fuera un solo regimiento,
quiere cambiar su suerte con un tambor.
Está ciego, es testarudo, impaciente,
irreflexivo y arrogante.
Dios sabrá en qué ha puesto su fe.
Mide las nuevas fuerzas del enemigo
solo por sus victorias anteriores sobre él.
Se dejará los cuernos.
Me avergüenzo de haberme dejado fascinar
a mi edad por un vagabundo pendenciero.
Su audacia y su suerte fugaz
en las victorias me cegaron
como a una tímida jovencita».

---

[61] *Cómo atacó al rey Augusto II de Polonia en Dresde. Véase* Histoire de Charles XII*, de Voltaire* [Nota de Pushkin].

[62] «¡Ah, majestad! ¡Una bomba!». «¿Qué tiene que ver una bomba con la carta que le dicto? ¡Escriba!». Esto ocurrió mucho tiempo después [Nota de Pushkin].

[63] *Una noche, Carlos, cuando inspeccionaba personalmente uno de nuestros campamentos, se encontró a unos cosacos sentados alrededor del fuego. Galopó directamente hacia ellos y le disparó a uno con sus propias manos. Los cosacos le dispararon a él tres veces y le hirieron gravemente en una pierna* [Nota de Pushkin].

ÓRLIK: Esperemos
las batallas. Aún tenemos tiempo
de volver al lado de Pedro.
El mal todavía puede corregirse.
Aunque le hayamos traicionado, no hay duda
de que el zar no rechazará la reconciliación.

MAZEPA: No, es tarde. El zar de Rusia
ya no puede reconciliarse conmigo.
Hace mucho que mi suerte está del todo
decidida. Desde tiempo atrás ardo
con una ira contenida. Una noche,
junto al Azov, nuestro severo zar y yo
participamos en un banquete en el cuartel general.
Hervían las copas llenas de vino
y con ellas también nuestras palabras.
Entonces dije algo atrevido.
Los invitados más jóvenes quedaron desconcertados...
El zar montó en cólera, tiró la copa,
me agarró por mis canosos bigotes
y me amenazó.
Pude sobreponerme a mi ira impotente,
pero me juré a mí mismo que me vengaría.
He llevado la venganza como una madre
lleva a su hijo en el vientre. Y por fin ha llegado
el momento. Sí, el zar recordará
mi afrenta hasta el final.
Marcho hacia Pedro para su castigo:
soy una endrina en su corona de hojas.
Él entregaría sus ciudades históricas

y las mejores horas de su vida
para agarrar de nuevo como aquel día
a Mazepa por los bigotes.
Pero aún nos queda la esperanza.
La aurora decidirá quién será el vencedor.

El traidor al zar ruso
calló y cerró los ojos.

El este ardía con la nueva aurora.
Ya tronaban los cañones en la llanura
y las colinas. Un humo purpúreo
se elevaba en círculos hacia los cielos
al encuentro de los rayos de la mañana.
Los regimientos cerraron filas.
Los fusileros se escondieron tras los arbustos.
Volaron los bolaños y silbaron las balas.
Brillaron las frías bayonetas.
Los suecos, hijos predilectos de la victoria,
atravesaron el fuego de las trincheras rusas.
La caballería cargó violenta.
La infantería avanzó tras ella
y consolidó sus posiciones
con una dureza extrema.
Y el fatídico campo de batalla
retumbó y ardió aquí y allá,
pero la fortuna en el combate se puso
ya con claridad de nuestro lado.
Las tropas, divididas por el fuego,
se mezclaban y caían sobre el polvo.

Rosen[64] huyó por un desfiladero.
El valeroso Shlippenbach[65] se rinde.
Acosamos a los suecos batallón tras batallón.
La gloria de sus banderas se oscurecía,
y cada paso nuestro era bendecido
por la gracia del Dios de la guerra.
Entonces fue cuando se oyó desde lo alto
la sonora e inspirada voz de Pedro:
«¡Adelante! ¡Dios está con nosotros!». El zar,
rodeado de una multitud de favoritos,
salió de la tienda de campaña. Sus ojos
resplandecían. Su rostro inspiraba terror.
Sus movimientos eran rápidos. Se mostraba imponente,
todo él era como una tempestad divina.
Partía. Le trajeron su fiel caballo,
brioso y dócil a la vez,
que tembló al sentir el fuego fatal.
El animal miró de reojo y se adentró
velozmente en el polvo de la batalla,
orgulloso de su poderoso jinete.

Ya se acercaba el mediodía. El calor era asfixiante.
La batalla descansaba igual que el labrador.

---

[64] Gustaf Fredrik von Rosen (1688-1769). Conde y general sueco. Acompañó a Carlos XII en sus campañas y fue gobernador de Finlandia. Participó en la Guerra de los Siete Años.

[65] Wolmar Anton von Schlippenbach (1653-1721). Militar perteneciente a una de las familias nobles suecas de mayor abolengo. Participó en la Gran Guerra del Norte y fue gobernador de Estonia entre 1704 a 1706. Hecho prisionero en Poltava por el ejército ruso, sirvió en él tras su liberación en 1812 hasta su muerte.

Algunos cosacos hacían cabriolas en algún lugar.
Las tropas formaban filas.
La música militar guardaba silencio.
Los cañones se aplacaron en las colinas
e interrumpieron su hambriento rugido.
Y entonces un hurra resonó a lo lejos
e inundó los llanos:
las tropas vieron a Pedro.

El zar pasó frente a las tropas,
poderoso y exultante como la misma batalla,
y con la mirada devoró el campo.
Le siguieron en tropel
sus polluelos desde el nido.
En los vaivenes del destino terrenal,
en los asuntos de estado y de la guerra
eran sus compañeros y sus hijos:
el noble Sheremétev[66],
y Brius[67], y Bour[68], y Repnin[69],

---

[66] Borís Petróvich Sheremétev (1652-1719). Diplomático y mariscal de campo. Simpatizó con las iniciativas occidentalizadoras de Pedro I y luchó a su lado en la Gran Guerra del Norte. La victoria rusa en la batalla del Poltava se debe en gran parte a su habilidad como estratega.

[67] Yákov Vílimovich Brius (1669-1735). Conde, estadista, diplomático y mariscal de campo ruso de origen escocés. Fue uno de los hombres de confianza del zar Pedro I.

[68] Rodión Jristiánovich Bour (1667-1717). General de caballería de origen sueco y alemán. Fue asistente de Pedro I en la Gran Guerra del Norte.

[69] Anikita Ivánovich Repnin (1668-1726). Príncipe, mariscal de campo y estadista. Fue el primer gobernador de Riga y presidente del Colegio Militar Ruso.

y un niño[70] sin patria adoptado por la suerte,
soberano casi omnipotente.

Y delante de las filas azules
de sus marciales batallones,
llevado por leales servidores,
apareció Carlos en una mecedora,
pálido, inmóvil, torturado por la herida.
Los jefes de aquel héroe le escoltaban.
El rey iba en silencio, sumido en sus reflexiones.
Su mirada confusa reflejaba
una insólita preocupación.
Se diría que esa batalla que Carlos
tanto había deseado le hacía dudar…
De pronto, con un débil movimiento de la mano,
lanzó sus regimientos contra los rusos.

Y las tropas zaristas chocaron
contra ellos en el humo de la estepa
y ¡estalló la batalla! ¡La batalla de Poltava!
Entre el fuego, bajo una lluvia al rojo
y detenidas por un muralla viviente,
sobre las líneas caídas, líneas nuevas
calan las bayonetas. Destacamentos de caballería
formaron una densa nube que pasó veloz

---

[70] El autor se refiere a Abram Gannibal (1696-1781), príncipe etíope secuestrado de niño por los otomanos. Fue llevado a Rusia y Pedro I le apadrinó. Llegó a ser general y gobernador de Tallin. Se le conoce comúnmente como el «negro de Pedro el Grande» y es el bisabuelo del propio Alexandr Pushkin.

en ondas. Sonaron los sables,
se encontraron y se asestaron golpes con fuerza desmedida.
Los bolaños de hierro fundido caían
por todas partes sobre los soldados y
hacían montones con los cuerpos, los derribaban,
levantaban el polvo y salpicaban en la sangre.
Los suecos y los rusos estocaban, tajaban, cortaban.
Era una batalla de tambores, gritos, crujidos,
truenos de cañones, galopes, relinchos, gemidos
y muerte e infierno por todas partes.

Entre la angustia y la emoción,
los mandos contemplaban a salvo
la batalla con mirada por completo inspirada,
seguían los movimientos de las tropas,
preveían la muerte y la victoria
y conversaban tranquilos.
Pero ¿quién era el viejo guerrero
que combatía cerca del zar de Moscú?
Escoltado por dos cosacos,
con el corazón ardiendo de odio,
observaba con ojos de héroe experimentado
el fragor de la batalla.
Ya no montará más su caballo,
envejecerá solo en el exilio,
y los cosacos, al grito de Paléi,
¡no volarán hacia él de todas partes!
Pero ¿qué brilló en su mirada?
¿Qué cubrió de ira, como una niebla nocturna,
su vieja frente?

¿Qué pudo turbarle?
¿O tal vez, a través del humo de la batalla, vio
Mazepa a su enemigo y en ese mismo momento
el viejo, desarmado,
sintió odio por sus años?

Mazepa, sumido en sus pensamientos,
contemplaba la batalla rodeado
de una horda de cosacos rebeldes,
de familiares, de capitanes y de *serdiukí.*
De repente sonó un disparo. El viejo se dio la vuelta.
El cañón de un mosquete aún humeaba
en las manos de Voinarovski.
A pocos pasos, un joven cosaco
rodaba muerto sobre su propia sangre.
Y su caballo, todo lleno de espuma y polvo,
se supo libre, echó a correr asustado
y desapareció entre el fuego, en la lejanía.
Un cosaco se había precipitado sobre el atamán
a través de la batalla con el sable en las manos
y una locura furibunda en la mirada.
El viejo, se volvió y se dirigió
a él con una pregunta. Pero el cosaco
ya había muerto. Su mirada, ahora ya apagada,
todavía amenazaba al enemigo de Rusia.
Su rostro estaba lívido y triste,
y sus labios apenas si pudieron susurrar aún
su amado nombre de María.

Pero la hora de la victoria estaba cerca, muy cerca.
¡Urra! Habíamos ganado. Los suecos se rindieron.

¡Oh, glorioso momento! ¡Oh, gloriosa visión!
Otra carga y el enemigo huyó[71].
La caballería se lanzó tras él,
la masacre embotaba las espadas,
y toda la estepa quedó cubierta por los caídos
como por una plaga de negras langostas.

Pedro celebró un banquete. Su mirada
se mostraba orgullosa, radiante y llena de gloria.
El banquete del zar era deslumbrante.
Entre los gritos de sus tropas,
Pedro agasajó en su tienda
a sus mandos y a los de otros,
mostró sus favores a los prisioneros más insignes
y levantó la copa a la salud
de sus maestros.

Pero ¿dónde estaba el primer y más ilustre invitado?
¿Dónde estaba nuestro primer y terrible maestro,
cuya maldad dominó
tanto tiempo el vencedor de Poltava?
¿Dónde estaba Mazepa? ¿Dónde estaba el infame?
¿Adónde huyó asustado este Judas?

---

[71] *Gracias a las excelentes órdenes y acciones del príncipe Ménshikov, el destino de esta importante batalla estaba decidido de antemano. El combate no duró ni tan siquiera dos horas. Pues (tal y como está escrito en el* Diario *de Pedro el Grande) «los invencibles caballeros suecos mostraron pronto la espalda y todo el ejército enemigo quedó destruido por nuestras tropas». Pedro concedió tiempo después el perdón a Danílych por los servicios prestados ese día al general, el príncipe Ménshikov* [Nota de Pushkin].

¿Por qué no estaba el rey entre los invitados?
¿Por qué no han llevado al cadalso al traidor?[72]

El rey y el atamán cabalgaban deprisa
por la profundidad de las estepas desnudas.
Huían. La suerte les unió.
El peligro cercano y la rabia
le otorgaban fuerza al rey,
que ya había olvidado su grave herida.
Cabalgaba con la cabeza gacha,
perseguido por los rusos,
y la multitud de leales sirvientes
apenas si podía seguirle.

El viejo atamán cabalgaba a su lado
y contemplaba el vasto semicírculo
de la estepa con mirada vigilante.

---

[72] *L'Empereur Moscovite, pénétre d'une joie qu'il ne se mettait pas en peine de dissimuler (pues tenía de lo que alegrarse), recevait sur le champ de bataille les prisonniers qu'on lui amenait en foule et demandait à tout moment: où est donc mon frère Charles? — Alors prenant un verre de vin: A la santé, dit-il, de mes maîtres dans l'art de la guerre! — Renschild lui demanda: qui étaient ceux qu'il honorait d'un si beau titre. — Vous, Messieurs les genéraux Suèdois, reprit le Czar. — Votre Majesté est donc bien ingrate, reprit le Comte, d'avoir tant mailtraité ses maîtres.*

[*El emperador moscovita, lleno de una alegría que no se molestó en ocultar (pues tenía de lo que alegrarse), recibió en el campo de batalla a los prisioneros, que le fueron traídos en masa, y les preguntaba a cada momento: «¿Dónde está mi hermano Carlos?». Después tomó una copa de vino y dijo: «¡A la salud de los maestros del arte de la guerra!». Renschild le preguntó: «¿Quiénes son esos a los que ha otorgado un título tan honorable?». «Ustedes, los generales suecos», contestó el zar. «Su Majestad es muy ingrato —prosiguió el conde— por maltratar así a sus maestros».* [Nota de Pushkin].

Ante ellos encuentran un *jútor*... ¿Por qué
Mazepa sintió miedo al momento?
¿Por qué aceleró su carrera frente al *jútor*
y pasó de largo a todo correr?
¿Acaso esa hacienda abandonada,
y la casa, y el jardín solitario,
y la puerta abierta al campo
le recordaron entonces
algún relato olvidado?
¡Bendito destructor de la inocencia!
¿Reconociste esa morada,
ese hogar, antes un hogar dichoso,
donde tú, acalorado por el vino,
rodeado de una alegre familia,
solías bromear sentado a la mesa?
¿Reconociste este apartado refugio
donde habitaba un ángel de paz
y el jardín por el que una noche oscura
te la llevaste a la estepa... ¡Sí! ¡Los reconociste!

Las sombras de la noche envolvían la estepa.
A la orilla del Dniéper azul,
entre rocas, dormitaban con sueño ligero
los enemigos de Rusia y de Pedro.
El sueño respetaba el descanso del héroe,
que ya había olvidado la derrota en Poltava.
Pero el sueño de Mazepa era angustioso.
En él su alma oscura no conocía la tranquilidad.
Y, de pronto, alguien le llamó
en la noche silenciosa. Se despertó.

Miró y vio que había una persona inclinada sobre él
y que le amenazaba con el dedo sin decir palabra.
El atamán se estremeció como si estuviera bajo el hacha…
Ella se encontraba frente a él, con el cabello suelto,
con los ojos hundidos y centelleantes,
vestida toda de harapos, delgada y pálida,
iluminada por la luna…
«¿Estoy soñando?… María… ¿Eres tú?».

MARÍA: ¡Oh, silencio! ¡Silencio, amor mío!… Ya
mi padre y mi madre cerraron los ojos…
Espera… Pueden oírnos.

MAZEPA: ¡María! ¡Pobre María!
¡Despierta! ¡Dios!… ¿Qué te ha ocurrido?

MARÍA: ¡Escucha qué calumnias!
¡Qué historia ridícula me contó!
Mi madre me dijo en secreto
que mi pobre padre había muerto,
y me enseñó a hurtadillas
su cabeza gris… ¡Era falsa!
¿Dónde escaparemos de la mentira?
Mira: esta cabeza
no es en absoluto humana,
sino de lobo. ¿Lo ves? ¡Mírala!
¿Por qué quería engañarme?
¿No le da vergüenza asustarme?
Y ¿para qué? ¡Para que no me atreviera
a escaparme hoy contigo!
¿Cómo es posible?

Su amante
la escuchaba atentamente y con profundo dolor.
«Sin embargo —dijo María
abandonada a un torbellino de pensamientos—,
recuerdo un campo... Una ruidosa fiesta...
Y al populacho... Y cuerpos sin vida...
Mi madre me llevó a la fiesta...
Pero ¿dónde estabas tú?... ¿Por qué
vagaba yo sin ti en la noche?
Vamos a casa. Rápido... Ya es tarde.
Ah, veo que mi cabeza
se agita sin razón:
te he tomado por otro,
anciano. Déjame.
Tu mirada me horroriza.
Eres deforme. Él es hermoso.
¡El amor brilla en sus ojos!
¡En sus palabras hay tanta dulzura!...
Su bigote es más blanco que la nieve,
y en el tuyo hay sangre reseca!...».

Y comenzó a gritar con risa salvaje
y, más ligera que una joven gamuza,
saltó y corrió
y desapareció en las tinieblas de la noche.

Las sombras se disiparon y el este se iluminó.
Los cosacos encendieron el fuego
y prepararon las gachas.
Los escuderos abrevaban los caballos
desensillados a la orilla del Dniéper.

Carlos se despertó. «¡Ajá! ¡Es la hora!
Levántate, Mazepa. Ya amanece».
Pero el atamán hacía tiempo que no dormía.
El dolor y la tristeza le consumían.
La respiración le oprimía el pecho.
Y ensilló en silencio a su caballo,
y cabalgó junto al rey fugitivo,
y su mirada centelleó de forma terrible
cuando se despidió de su tierra natal.

Han pasado cien años. Y ¿qué nos queda
de esos hombres fuertes y orgullosos
dominados del todo por la voluntad de sus pasiones?
Su generación pasó.
Y con ellos desapareció la huella ensangrentada
de las hazañas, de las desgracias y de las victorias.
En la suerte militar del país del norte
y entre sus ciudadanos,
solo tú, héroe de Poltava, te erigiste
a ti mismo un insigne monumento.
En la tierra donde una cadena alada de molinos
formó una pacífica barrera
alrededor de las murallas abandonadas de Bender[73],

[73] Ciudad de Moldavia (también conocida por el nombre de Tighina). Allí se refugiaron Carlos XII y unos cuarenta de sus hombres, entre soldados suecos y cosacos, tras la derrota en Poltava. El 31 de enero de 1713 tuvo lugar la llamada escaramuza de Bender, en la que los sitiados resistieron durante siete horas el ataque del ejército turco. El rey fue finalmente hecho prisionero y liberado poco después, tras la llegada de la noticia de la victoria sueca sobre los turcos en la batalla de Gadebusch, el 20 de diciembre de 1712.

donde búfalos de grandes cuernos vagan
junto a las tumbas de los guerreros,
allí quedan los vestigios de un templete
y tres escalones enterrados
en la tierra y cubiertos por el musgo
que recuerdan al rey de Suecia.
Desde allí este héroe atrevido rechazó,
solo con un puñado de criados domésticos,
el ataque brutal de las huestes turcas
y arrojó la espada bajo el *bunchuk*.
Allí un melancólico forastero buscaría
en vano la tumba del atamán.
¡Nadie recuerda a Mazepa desde entonces!
Solo una vez al año, desde el solemne santuario,
truena amenazante la catedral
con su anatema hasta nuestros días.
Pero sí se conservó la tumba
donde reposan los restos de aquellos dos mártires.
Una iglesia les cobijó en paz
entre antiguas y piadosas tumbas[74].

---

[74] *Los cuerpos decapitados de Iskra y Kochubéi fueron entregados a sus familiares y se enterraron en la catedral de Kiev. Sobre su tumba está grabada la siguiente inscripción:*

«Quien pase por este lugar ignorante de nosotros,
que sepa que hemos sido aquí enterrados para nuestro descanso.
Pues nos ha sido ordenado callar nuestra pasión y nuestra muerte,
esta piedra nos recordará y clamará por nosotros.
Y por la verdad y por nuestra lealtad al zar,
y por el sufrimiento y la muerte, la copa de la cual bebimos,
y por el crimen de Mazepa, y por los principios eternos,
y por nuestras cabezas cortadas por el hacha.
Así descansamos en este lugar consagrado a la Madre de Dios,
que concede a todos sus siervos la vida eterna».

Crece en Dikanka una fila de viejos robles
plantados por unos amigos.
Hasta hoy día los robles les hablan
a los nietos sobre sus antepasados ejecutados.
Pero sobre la hija traidora…
Las leyendas guardan silencio.
Una impenetrable oscuridad
nos oculta sus tormentos,
su destino, su final. Tan solo en ocasiones,
un ciego rapsoda ucraniano
tañe en una aldea, ante la gente,
las canciones del atamán, y así canta,
entre distintos asuntos, sobre una doncella pecadora
a las jóvenes cosacas.

FIN DE POLTAVA

En el año 1708, el día 15 de julio, fueron decapitados ante un destacamento militar, detrás de Bélaia Tsérkov y cerca de Borschagovets y Kovshevói, el noble Vasili Kochubéi, juez general, e Ioánn Iskra, general de Poltava. Sus cuerpos fueron llevados a Kiev el 17 de julio y ese mismo día fueron enterrados en el santo Monasterio de las Cuevas de la ciudad. [Nota de Pushkin].

ÍNDICE

Esta primera edición de *Poemas narrativos* se acabó de imprimir en Madrid, el 10 de octubre de 2025, Día de los Derechos Humanos.